18.07.20

Für Harald
Viel Freude

BASIC ERFOLGSMANAGEMENT

Sabina Kocherhans

VOM SLUMGIRL ZUR BOTSCHAFTERIN
one voice – one heart – transgender

Das Buch „Vom Slumgirl zur Botschafterin – one voice – one heart – transgender" ist das Werk einer bemerkenswerten Frau. Sie beschreibt auf eindrucksvolle Weise ihr Leben, das sie aus den Slums von Sri Lanka direkt in eine wirtschaftlich solide, jedoch emotional arme Familie ins konservative Basel geführt hat. Dort erlebt sie Ausgrenzung und Beschimpfung. „Mit diesem Neger fahre ich nicht in einem Aufzug." Ein krasses Statement, mit dem ein achtjähriger Junge seinen deutlichen Protest gegen eine gemeinsame Fahrt im Aufzug mit dem kleinen Mädchen Sabina kundtut. Erlebnisse dieser Art prägen das Leben und Fühlen der Autorin, machen sie stark und zur Kämpfernatur. Schon früh setzt sie sich das persönliche Ziel, wirtschaftlich unabhängig von ihren Adoptiveltern zu werden. Sie weiß sehr bald, dass sie im Leben immer alleine sein wird und sich nur selbst helfen kann.

Schon in ihrer frühen Jugend kommt die Autorin im engeren Freundeskreis mit dem Thema Transgender in Berührung, erlebt hautnah die Schwierigkeiten, denen trans* Personen ausgesetzt sind. Seither liegt ihr dieses Thema sehr am Herzen und sie beschließt schon damals, dass man helfen muss.

Sabinas Leben, das so ungewöhnlich im Slum begonnen hat, nimmt einen nicht ganz stromlinienförmigen Verlauf. Nach Ausbildungen in Marketing und Vertrieb geht sie mit 23 Jahren in die erste Selbstständigkeit und ist in kurzer Zeit wirtschaftlich sehr erfolgreich. Sie stürzt sich in vollen Zügen in das Leben und gibt das Geld, das sie verdient, mit vollen Händen aus. Konsum ist ihr sehr wichtig, sie kann es sich schließlich leisten. Über den Konkurs eines wichtigen Kunden gerät sie selbst in eine ernste Schieflage und mit einem Schlag ist alles verloren. Alles weg – Geld, Vermögen, Haus, Auto und Familie. Sabina Kocherhans driftet ab und gerät in sehr zwielichtige Gesellschaft. Spätestens an dieser Stelle haben es die Leser*innen eher mit einem Krimi als mit einer Lebensgeschichte zu tun. Sehr spannend und mitreißend nimmt uns die Autorin mit in die Unterwelt von Marokko über Paris und wacht schließlich nach einer spektakulären Rettungsaktion in einem Spital in Basel auf.

Hier ist der Wendepunkt. Dem Tod nochmal von der Schippe gesprungen, erlangt die Autorin wieder ihre alte Kraft. Sie fängt nochmal ganz von vorne an....
Diese spannende Lebensgeschichte findet im Jahr 2019 einen vorläufigen Höhepunkt mit der Gründung der „SK WelcomeHome die Transgenderstiftung". Damit setzt sich die Autorin für trans* Personen, trans* Kinder und deren Familien ein. Ihr Ziel ist es, das Thema in der Gesellschaft salonfähig zu machen und für eine breite Akzeptanz zu sorgen.

Sie geht diesen ungewöhnlichen Weg und erweitert ihre persönliche Biographie als „geborenes Slumgirl" um interessante Lebensgeschichten von trans* Personen und um einen Ratgeber zu diesem Thema.
Eine interessante Biographie, spannende Lebensgeschichten und der Ratgeber bilden eine harmonische und sinnvolle Symbiose.

Vom Slumgirl zur Botschafterin
One voice – one heart – transgender

Sabina Kocherhans

Herausgeberin:
SK WelcomeHome die Transgenderstiftung
Spitzwaldstrasse 104, CH 4123 Allschwil
https://sk-welcomehome-stiftung.com/
www.sabinakocherhans.com

Verlag
basic erfolgsmanagement, Pfarrkirchen
www.basic-erfolgsmanagement.de
Alle Rechte vorbehalten

ISBN 978-3-944987-27-9

Lektorat:
Josef Nöhmaier

Koordination und Organisation:
Medienbüro Susanne Wagner, Pfarrkirchen

Umschlaggestaltung, Layout/Satz:
Michaela Adler, Pfarrkirchen

Umschlag Bildrechte:
Coverfoto: © Fernanda Rudloff
Portraitfotos: © Fernanda Rudloff, Stefanie Burkhardt, Jan Konitzki,
Julia Monro, Fotostudio Oentrich in Lechenich, hornfischer-media.de,
René M. Parchatka, Jan Konitzki, Martin Ley, Gezeiten Haus,
Privat: Kocherhans, Traumüller und Ganserer

Made in Germany

An die kleine Sabina von damals,
die weder geliebt, noch gesehen wurde.

Liebe Leser*innen,

dieses Buch passt in unsere Zeit und ist lange überfällig.
Es zeigt eindrücklich auf, dass es ein wichtiger Faktor für das Lebensglück von Menschen ist, in der Vielfalt zu leben, selbstbestimmt zu leben, sein eigenes ICH zu leben, seine eigene Identität zu finden.

Glückliche Menschen sind die Basis für ein Zusammenleben in Frieden und Freiheit, für eine funktionierende Gesellschaft und eine funktionierende Wirtschaft.

Die Hautfarbe eines Menschen, seine Nationalität, sein Geschlecht und seine sexuelle Orientierung sollten in unserer Zeit keine Rolle spielen. Es ist der Mensch, der zählt und nicht seine Attribute oder äußeren Merkmale.
Diversity heißt das Zauberwort, das eine Gesellschaft lebenswert macht. Deshalb spielt dieses Thema auch in unserer Wirtschaft zunehmend eine immer größere Rolle.

Das ist gut so.

Ich selbst bin ein Kind der Vielfalt. Ich habe einen spanischen Vater, eine deutsche Mutter und bin mit einer Pilotin aus Madrid, deren Wurzeln in Kuba liegen und die seit vielen Jahren auch meine erfolgreiche Geschäftspartnerin ist, sehr glücklich verheiratet. Ich habe als Betriebswirt lange Jahre für internationale Unternehmen gearbeitet. Seit geraumer Zeit sind wir als Unternehmensberater und Sanierer mit Herz für kleine und mittelständische Unternehmen sowie für internationale Konzerne in der DACH-Region und Lateinamerika tätig.

Die Erfahrungen, die ich bisher in meinem Leben gemacht habe, sagen mir, dass es IMMER wichtig ist, den Menschen und dessen Wohlergehen in den Mittelpunkt zu stellen. Mit dieser Einstellung steht und fällt der Erfolg eines Unternehmens, einer Gesellschaft, einer Institution, einer Familie, eines Einzelnen.

Das Buch „Vom Slumgirl zur Botschafterin" steht für Vielfalt und Transgender. Es zeigt interessante Lebensentwürfe, setzt Statements und steht mit Rat und Tat zur Seite.

Mit diesem Buch ist der Autorin und Stiftungsgründerin der „SK WelcomeHome die Transgenderstiftung" ein erfolgreicher Start in eine bessere Zukunft für trans* Menschen gelungen – zum Wohle aller.
Wir freuen uns, dass wir die Arbeit der Stiftung unterstützen können und dürfen.

Viel Erfolg für dieses Buch und die Stiftung
Marcos Bruguera   Aída Rodríguez

Vorwort
Marcos Bruguera und Aida Rodriguez 08

Einführung
Eva-Maria Popp 14

Sabina Kocherhans
Vom Slumgirl zur Botschafterin 18

Trans* Personen erzählen 59

Dana Diezemann
Referentin, Moderatorin und Fachexpertin 61

Kim-Oliver Traumüller
Stiftungsmitgründerin 67

Tessa Ganserer
Politikerin und Mitglied des bayerischen Landtags 75

Hanni Reinhard
Handwerkerin 81

Julia Monro
Referentin und Beraterin für Transidentität 87

Julana Gleisenberg
Kinderbotschafterin 97

Ratgeberteil 103

Petra Weitzel
Vorsitzende des dgti, Deutsche Gesellschaft für Transsexualität
und Intersexualität e.V.
Ein Ratgeber für Betroffene und ihre Angehörigen 105

Mona Griesbeck
Gründerin von care&work
Ein Ratgeber für Arbeitgeber und Personalverantwortliche
im Kontext mit Transgender 135

Michael Martens
Gründer von Fairlanguage
Sichtbarkeit durch Sprache – Bewusstsein und Akzeptanz
für geschlechtliche Vielfalt schaffen 147

Dr. med. Dr. phil. Klaus von Ploetz
Transgender aus ärztlicher Sicht 155

Dipl.-Psych. Eva Heimke
Erfahrung von und mit trans* Menschen in der Psychotherapie ... 165

SK WelcomeHome die Transgenderstiftung 195

Danke 196

Quellenangaben 204

Eva-Maria Popp

Liebe Leser*innen,

Als Gründerin und Präsidentin der „SK Welcome Home die Transgenderstiftung", hat sich Sabina Kocherhans auf ihre Fahnen geschrieben, die Gesellschaft für das Thema Transgender zu öffnen und – zum Wohle aller – dafür eine Akzeptanz zu generieren.

„Es ist der Mensch, der zählt."

Das ist das Credo von Sabina Kocherhans. Damit bringt sie auf den Punkt, was es gerade in der heutigen Zeit, in der „rechts" in Teilen der Bevölkerung wieder salonfähig wird, zu tun gibt:

ein Eintreten für selbstbestimmte Lebensentwürfe!

Mit ihrer Lebensgeschichte macht Sabina den Leser*innen Mut, zu sich zu stehen und niemals aufzugeben, wenn es um die Erfüllung der eigenen Lebensträume geht.

Nach der Biographie von Sabina Kocherhans folgen in diesem Buch die Statements und Lebensgeschichten von sechs trans* Personen inklusive der Geschichte des neunjährigen Mädchens Julana und ihrer Familie. Diese Geschichten berühren, bewegen und zeigen, dass es noch viel zu tun gibt.

Ein ausführlicher Ratgeberteil, der alle relevanten Bereiche beleuchtet, gibt einen Einblick in die verschiedenen Fachthemen. Den Leser*innen wird bewusst, was es heißt, ein trans* Leben zu führen. Umso wichtiger ist es, dass wir alle das Thema Transgender aus der Tabuzone herausholen und uns dafür einsetzen, dass es zu einer Endtabuisierung kommt. Erst dann wird ein trans* Leben vom Normalitätsprinzip bestimmt werden.

Als Verlegerin erfüllt es mich mit großem Stolz, dass Autorin Sabina Kocherhans meinen Verlag gewählt hat, um ihre interessante und bewegende Lebensgeschichte zu erzählen und gleichzeitig für das Thema Transgender zu werben.

Ich danke Sabina von Herzen für diese Ehre und wünsche dem Buch und der Stiftung viel Erfolg.

Ihnen, liebe Leser*innen wünsche ich viel Freude beim Lesen und viele interessante Erkenntnisse. Tragen Sie das Thema Transgender und das, was Sie in diesem Buch erfahren haben, in die Welt!

Dipl.-Päd. univ. Eva-Maria Popp
Verlegerin

Kapitel 1

LIBERTY UND EINE KRONE

Ich bin so dankbar für alles, für mein ganzes Leben. Das war leider nicht immer so! Über viele Jahre war es hart, lieblos, leer, getrieben und belastet von so vielen Dingen.

Jetzt sitze ich hier, auf der Insel Mallorca, und nehme mir eine Auszeit, um diese Zeilen über mein Leben und meine Erkenntnisse und Erfahrungen, die ich daraus ziehe, zu schreiben. Ich schreibe dieses Buch für mich selbst, aber auch für die Menschen, die noch auf der Suche nach sich selbst und nach ihrem inneren Frieden sind.

Vor einer Woche habe ich mir das Wort „Liberty" auf meine Hand tätowieren lassen. Dazu passend steht eine fünfzackige Krone, die die fünf Lebensbereiche symbolisiert, die für mich wichtig sind.

Gesundheit – Zeit – Beziehung – Berufung –Vision

Ich bin angekommen bei mir und meinem Lebensziel, über die Freiheit zu verfügen, mir für meine Lebensbereiche Zeit zu nehmen und die dafür nötige Zeit zu haben.

Es ist ein unglaubliches Gefühl, den inneren Frieden zu haben, angekommen zu sein und Ruhe zu spüren. Danach habe ich immer gesucht. Diese Suche war mühevoll und aufwändig, lehrreich, manches Mal auch gefährlich. Ich habe 37 Jahre gebraucht, bis ich dieses Gefühl das erste Mal erleben durfte. Gefunden habe ich es zum einen in mir selbst und zusätzlich im Spiegel mit meinem Partner.

Als Kim mir vor zwei Jahren begegnet ist, kam zum inneren Frieden das Leuchten in meinen Augen dazu. Es war Liebe auf den ersten Blick für mich, aber auch für sie. Als Kim das erste Mal in mein Zuhause kam, ist sie ein paar Mal in Tränen ausgebrochen und hat mir damit ihre Rührung gezeigt. Bei mir hätte sie das erste Mal das Gefühl gespürt, angekommen zu sein und sich fallen lassen zu können.

Fairy Tail pur für uns beide.

Ich habe es tief in meinem Inneren gefühlt und mir Kims Namen tätowieren lassen. Tattoos gehören in mein Leben und zu meinem Leben. Ein Tattoo ist für immer und hat für mich die Bedeutung von Ewigkeit. Deshalb war es für mich ein besonderer Augenblick, als Kims Name in meine Haut gestochen wurde. Meilensteine in meinem Leben finden immer den Weg unter meine Haut. Kims Name gehört zu meinem Leben und würde auch auf meiner Haut bleiben, wenn wir irgendwann in ferner Zukunft getrennte Wege gehen würden.

Das Besondere an der Sache ist, dass es Kim nur im Doppelpack mit Oliver gibt. Oliver ist die andere Persönlichkeit, mit der ich mich verbunden habe. Kim-Oliver, das sind zwei Persönlichkeiten – Mann UND Frau in einer Person. Das ist nicht einfach zu verstehen. Ich habe Kim in einem Club kennengelernt. Wie sie da stand, in ihrer vollen Größe, ihrem roten Haar, die Art, wie sie ihre Tasche gehalten hat… Alles an ihr hat mich sofort fasziniert. Wir haben die Telefonnummern ausgetauscht, danach hat sich eine intensive WhatsApp- und Telefonbeziehung ergeben.

Das Besondere war, dass sich Kim ernstlich für mich und mein Leben interessiert hat. Sie wollte mich wirklich kennenlernen und mehr über mich erfahren. Das war neu in meinem Leben. An einem neutralen Ort, ungefähr in der geographischen Mitte zwischen unseren Heimatorten, haben wir uns verabredet. Nach diesem Treffen wusste ich, dass ich die Liebe meines Lebens kennengelernt hatte. Kim trug ein schwarzes Kleid und war wunderschön. Kim war sehr zuvorkommend und ich habe ihr ernstes Interesse an meiner Person gespürt. Danach folgte eine zweite Phase, die von intensiven Telefonaten geprägt war. So haben wir uns sehr gut kennengelernt, auch über die große Entfernung hinweg.

Das erste Mal, als Kim mich in meinem Zuhause besuchte, war DER alles entscheidende Augenblick. Natürlich wusste ich, dass es neben Kim auch Oliver, den Mann gibt. Das war nicht ganz einfach. Es war Kim, die ich liebte. Im Gegenzug dazu hatte Kim höllische Angst davor, dass ich mit Oliver, dem Mann, nicht zurechtkommen würde. So kam der Augenblick, der kommen musste: Kim nahm das Deckhaar ab und hat sich abgeschminkt. Zum Vorschein kam Oliver, der Mann. Puh, das war ein schwieriger Augenblick, den wir beide sehr einfühlsam und im Einklang miteinander gemeistert haben. Sehr oft kam danach Kim zu mir. Wenn dann hinterher Oliver erschien, haben wir viel darüber geredet. Oliver hat mir ausreichend Zeit gelassen.

Heute liebe ich sie beide. Dazwischen hatten wir durchaus auch schwere Zeiten zu überstehen. Wir verstanden uns so gut, dass wir inzwischen auch geschäftlich in Verbindung stehen. Deshalb sahen wir uns sehr häufig und es kam auch im geschäftlichen und öffentlichen Bereich zu Kim-Olivers Outing. Danach war Kim sehr häufig präsent, viel häufiger als Oliver. Für mich war das wunderschön, doch Kim wurde das zu viel. Was Oliver am Anfang wie ein Traum erschien, seine weibliche Seite voll ausleben zu können, wurde im Laufe der Zeit letztlich zur Last. Das war für mich eine harte, aber entscheidende Zeit.

Ich merkte, dass Kim nur durch Olivers Körper leben kann. Wenn Oliver entscheidet, dass Kim geht, dann ist sie für mich verloren. Ich als ein Mensch, der die Dinge gerne in der Hand behält und größten Wert auf Selbstbestimmung legt, war abhängig vom Handeln eines anderen. Zum Glück konnten wir viel darüber sprechen und haben so diese Krise gemeistert.

Kim sagte zu mir: „Wenn du mich vermisst, dann schau in seine Augen und es werde ich sein, die du siehst und es werden immer meine Hände sein, die dich halten." Dieser Satz hat mich beruhigt und dazu beigetragen, dass ich meine Ruhe und Gelassenheit wieder gefunden habe. Der ganze Ablauf unserer anfänglichen Liebesbeziehung war für mich eine große Herausforderung. Durch viel Verständnis miteinander und vor allem durch viele Gespräche und durch die Aufklärung einer anderen Transvestit-Freundin haben wir diese Herausforderung gemeistert. Lisa meinte, dass sich Oliver nie von Kim verabschieden werde. Sie sei ein fester Teil von ihm. Oliver selbst sagt von sich, dass er sich zu 60% als Mann fühle, 40% fühle und agiere er als Frau.

Heute sind wir ein glückliches Paar, das in Eintracht an zwei Standorten, in Deutschland und der Schweiz, miteinander lebt.

Wir leben miteinander und wir arbeiten miteinander.

Mit Kim-Olivers Tochter und seiner Mutter habe ich eine sehr enge Beziehung. Was mich besonders freut, ist die wunderbare Tatsache, dass durch die intensive Arbeit für dieses Buch meine große Liebe Kim in eine entscheidende Identitätsphase eingetreten ist. Kim hat es bisher vermieden, mit ihrem Geburtsnamen Traumüller in Verbindung gebracht zu werden. Sie nannte sich bisher Kim Sweet. Am ersten Tag unseres Buchcoachings machte sie den großen Schritt und nun bin ich mit Kim-Oliver Traumüller liiert, statt mit Oliver Traumüller und Kim Sweet.

Wow, ein tolles Gefühl und umso schöner, denn mit Kim-Oliver habe ich nicht nur die Liebe meines Lebens, sowie einen perfekten Geschäftspartner, sondern auch noch eine Familie gefunden, die mich trägt. Absolut faszinierend, was für ein unglaubliches Leben!

Nun ist es Zeit, an den Anfang meines Lebens zurückzukehren und meine Geschichte vom Start in den Slums von Sri Lanka bis heute zu erzählen.

Kapitel 2

EINMAL COLOMBO-BASEL ODER „MIT DEM NEGER FAHRE ICH NICHT!"

Geboren wurde ich am 21. August 1980 in Colombo, der Hauptstadt von Sri Lanka. Wer meine leibliche Mutter ist, habe ich über die Adoptionsurkunde erfahren, aber ich habe sie nie kennengelernt. Bis jetzt.

Meine Adoptiveltern waren 34 Jahre und 35 Jahre alt. Meine Mutter übte den seltenen Beruf einer Régleuse (spezielle Sparte in der Uhrmacherei) aus. Ich glaube, das ist ein Beruf, den es nur in der Schweiz, dem Land der Uhren gibt. Mein Vater war Fotograf bei der Polizei. Da meine Eltern keine eigenen Kinder bekommen konnten, haben sie begonnen, über ein Adoptionsverfahren nachzudenken. Nach reiflicher Überlegung und vielen Informationsgesprächen ist der Entschluss getroffen worden und die Entscheidung gefallen, ein Kind zu adoptieren.

Das war für meine Eltern sicher kein leichter Weg, aber sie haben sich dafür entschieden. Da sie in der Schweiz mit ihrem Vorhaben nicht recht weitergekommen sind, haben sie sich auf den Weg ins weit entfernte Sri Lanka gemacht, auf der Suche nach ihrem Liebling. Wenn ich aus heutiger Sicht darüber nachdenke, war das sehr, sehr mutig und auch ungewöhnlich, da meine Eltern eher konservativ eingestellt waren. So war es wohl mein Schicksal und auch das meiner Eltern, dass wir uns in einem Kinderheim mitten in den Slums von Colombo gefunden haben.

Ich war ein schwaches, zerbrechliches und sehr zartes Kind. So haben mir meine Eltern später von unserer ersten und schicksalhaften Begegnung erzählt. Ich habe wohl mit meiner zarten Konstitution das Mitleid meines Vaters erregt und seinen Blick auf mich gelenkt. Er trat an mein Bettchen und hat mich herausgehoben. Da passierte, was passieren musste: ich habe ihn angepinkelt. Das war wohl die schicksalhafteste und folgenreichste Tat meines Lebens. Mit dieser Aktion habe ich das Herz meines Vaters endgültig erweicht und ER hat mich gewählt. Für ihn war klar: Dieses Mädchen oder keines!

Ich war damals todkrank und es war keineswegs klar, ob sie mich durchbringen würden. Doch in diesen Anfängen meines Lebens zeigte sich zum ersten Mal mein Durchsetzungsvermögen, das mich noch öfter in meinem späteren Leben retten sollte. Meine Mutter war mit der Wahl meines Vaters einverstanden. So haben meine Eltern alles dafür getan, dass ich überleben konnte. Sie haben mich hochgepäppelt, gehegt und gepflegt.

Mit zehn Tagen war ich dann endlich so weit stabil, dass meine Eltern die Rückreise antreten konnten. Seither habe ich Sri Lanka nie mehr wieder besucht. Ich denke immer wieder einmal darüber nach, doch irgendetwas hat mich bislang davon abgehalten. Allerdings glaube ich, dass ich bald soweit bin, die Reise zu meinen Wurzeln anzutreten. Das Schreiben dieses Buches trägt sicher dazu bei.

So nahm mein Leben in der Schweiz seinen Lauf. Meine Eltern waren sehr unterschiedlich. Meine Mutter entpuppte sich als sehr dominant, ich habe wenig mütterliche Liebe gespürt. Mein Vater hingegen war sehr, sehr liebevoll. Wir hatten eine gute Beziehung zueinander. Sein Tod 2002 hat eine große Lücke in meiner Seele hinterlassen.

Ein Beispiel für die Härte meiner Mutter ist eine besonders einschneidende Situation in meinem Leben. Meine Eltern waren sehr gut befreundet mit einem Ehepaar, die einen halbwüchsigen Sohn hatten.

Dieser hat mich mehrmals missbraucht, als ich ungefähr sieben bis neun Jahre alt war. Meine Mutter wusste davon. Statt sich schützend vor mich zu stellen, war es jedoch ihre größte Sorge, dass irgendwer von dieser Schandtat erfahren könnte. „Du darfst das nie erzählen. Niemand darf davon erfahren." Mit diesen harten Worten beendete sie dieses Thema zwischen uns. Das war eine mehr als deutliche Botschaft. Es ging ihr nicht um meinen Schutz und um mein Erleben. Nein, es ging um den Schein und darum, diesen aufrechtzuerhalten. Dieses Erlebnis hat mir deutlich gezeigt, dass ich in meinem Leben weitgehend alleine und nur auf mich gestellt sein würde.

Wenn ich heute zurückblicke, dann kann ich sagen, dass ich alles bekommen habe, an Bildung, Kulturtechniken, Sport und Unterhaltung. Ich habe Skifahren gelernt, Eislaufen und Schwimmen. Ich wurde unterwiesen, wie man sich benimmt, wie man sich in öffentlichen Bereichen und bei gesellschaftlichen Anlässen verhält. Meine Eltern legten Wert auf ein gepflegtes Äußeres und auf eine vorwiegend elegante Umgebung. Schon in den achtziger Jahren, als eine Kreuzfahrt noch kein Massenphänomen, sondern eine extrem luxuriöse Angelegenheit war, gehörte meine Familie zur Spezies der begeisterten Kreuzfahrer. Bereits im Alter von sieben Jahren stand ich im Zuge einer dieser Kreuzfahrten auf der Bühne, begleitet von einer philippinischen Band. Schon damals habe ich mich sehr wohlgefühlt auf der großen Bühne.

Sicherlich waren all diese Erfahrungen wichtig und richtig. Ich habe viel gelernt, wovon ich heute noch profitiere. Doch war all diese tadellose Erziehung ein wirklicher Ausgleich für entgangene Liebe? Habe ich jemals echte Liebe und wirkliche Anerkennung erhalten? Ich weiß es nicht. Von meinem Vater schon, von meiner Mutter nicht. Aus heutiger Sicht glaube ich, dass die Kühle meiner Mutter sicherlich mit ihrer eigenen Erziehung vonseiten ihrer Mutter zu tun hat. Diese Frau wurde bei uns Großmutter Elsa genannt. Sie war sehr streng und hatte ein Wesen wie ein Feldwebel, salopp gesagt, wie ein Drachen, sehr dominant. Großvater Walti war ein grundgütiger Mensch, Musiker und Bergsteiger, lebensgütig und sehr lebenslustig. Er ist an Krebs gestorben, als ich erst 9 Jahre alt war. Ich glaube, er hat sehr gelitten unter seiner Frau. Es gab ein uneheliches Kind von ihm, einen Sohn. Dieser Mann durfte nicht einmal an der Beerdigung seines Vaters teilnehmen. Meine Mutter wusste nichts davon. Dieses Faktum wurde immer unter dem Deckel gehalten. Ich frage mich, ob das der Hintergrund ist, warum meine Mutter eher kühl war und mir wenig Liebe zeigen konnte. Dass sie mich irgendwie geliebt hat, das glaube ich schon. Gespürt habe ich es in meiner Kindheit jedoch sehr selten. Tatsache ist, ich war immer anders. Ich wollte als Kind nicht gerne mit den anderen Kindern spielen. Ich habe immer mein eigenes Ding durchgezogen. Schließlich wurde ich sehr oft gehänselt und von den anderen Kindern ausgegrenzt.

Wir haben in einem Hochhaus gelebt, ein grauenvoller Bau. Die anderen Kinder haben mich stets wegen meiner Hautfarbe ausgelacht. Ich war sehr groß und sehr dürr. Die Kinder haben mir immer „Neger" hinterhergerufen. Einmal wurde ich sogar in einen Fahrradkeller eingesperrt. Ich habe verzweifelt gerufen und geschrien. Keiner hat mir geholfen. Ich war sehr verängstigt und habe seither ständig unangenehme Gefühle im Dunkeln. In ganz früher Kindheit sollte ich sogar entführt werden. Dieses schreckliche Geschehen kenne ich nicht aus eigener Erinnerung, sondern erfuhr ich aus Erzählungen. Ich sollte aus der Dachkammer, in der mein Baby-Bett stand, entführt werden. Das Dachfenster wurde eingeschlagen und man wollte mich dort offensichtlich herausholen. Ein anderes Erlebnis hatte ich mit einer Familie, die aus dem Aufzug stieg, weil deren Kind lauthals verkündete: „Mit dem Neger fahre ich nicht!"

Hänseleien und auch gewalttätige Angriffe auf meinem Schulweg passierten mir sehr oft. Es gab immer etwas, was man mir vorwarf oder was sie mir nachschrien. Heute würde man dazu Mobbing sagen. Ich hatte leider keine Worte dafür. Umso schlimmer waren diese

Erlebnisse für mich. In meinem Innersten wusste ich immer, dass ich es schaffen konnte und ihnen allen irgendwann voraus sein würde. Aus diesem Gefühl heraus resultierten sicherlich meine Motivation und meine Kraft, aus meinem Leben etwas Sinnvolles zu machen.

2003 besuchte ich zum allerletzten Mal ein Klassentreffen. Ab diesem Zeitpunkt habe ich nie mehr wieder einen meiner Schulkameraden gesehen. Ich hatte und habe keine Lust darauf. Das Resultat aus dieser Zeit ist ein sehr unangenehmes Gefühl, das mein Leben jahrelang begleitet hat: Das Gefühl, nicht wirklich dazugehören. Ich gehörte NIE dazu! Aus diesem Grund habe ich mich viel lieber mit Tieren beschäftigt. Sie gaben mir viel mehr, als es ein Mensch mir zu dieser Zeit jemals hätte geben können und ich konnte mich auch sehr gut mit Erwachsenen unterhalten. Schließlich bin ich sehr früh erwachsen geworden. Wenn ich zurückblicke, kann ich sagen, dass ich bereits im Kindesalter zu erwachsen war. Später habe ich erkannt, dass ich mich selbst finden, mich selbst lieben und ich selbst zu mir gehören muss. Diese Erkenntnis und dieser Prozess sollten aber noch lange auf sich warten lassen. Mein Leben wurde erst lebenswert, als ich dies gelernt hatte.

Dazu gehört auch, dass ich meine Hautfarbe internalisiert habe. Sie ist selbstverständlich für mich und auch für andere. Meine Hautfarbe gehört zu mir. Dieses neue Selbstwertgefühl hat mir geholfen, mich anzunehmen, wie ich bin, und mich zu lieben. Ich muss keinem mehr etwas beweisen, auch nicht mir selbst.

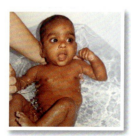 

Kapitel 3

GEKAUFTE LIEBE

Lange Zeit übte ein befreundetes Ehepaar meiner Eltern einen großen Einfluss auf mich aus. Es handelte sich dabei um Edith und Kenny Hofmann. Meine Eltern und das Ehepaar Hofmann pflegten einen häufigen Umgang miteinander. Sie gingen miteinander aus oder besuchten sich gegenseitig. Edith und Kenny führten einen sehr modernen und mondänen Lebensstil. Sie verfügten über zwei Einkommen, hatten selbst keine Kinder und waren finanziell sehr unabhängig und vermögend. Kenny war Aufzugsmonteur und Edith arbeitete als Sachbearbeiterin bei der Basler Zeitung. Ein besonderes Schicksal zwang Edith in den Rollstuhl. Sie war eine begeisterte Reiterin und wurde im Alter von 17 Jahren auf Grund eines Reitunfalls querschnittgelähmt.

Für mich bedeutete Edith gleichzeitig das Glück und das Unglück auf vier Rädern. So kam es, wie es kommen musste. Sie waren vernarrt in mich und vergötterten mich. Durch sie lernte ich meine Liebe zu Mode und Lifestyle kennen. Die beiden gingen gerne aus, liebten das Essen in teuren Restaurants und verreisten oftmals in den Süden. Edith hatte einen ausgeprägten Geschmack, was Mode anging. Sie war außerordentlich stilsicher. Zusammen mit ihren beiden Pudeln wurde ich zu ihrem wichtigsten Lebensinhalt.

Heute weiß ich, dass ich für Edith all das verkörpert habe, was sie sich eigentlich von ihrem eigenen Leben erträumt hatte. Sie arbeitete vor ihrem Reitunfall bereits in sehr jungen Jahren als Model und hat mich auch dieser Passion nähergebracht. Ich war mehr oder weniger ihre Erfüllungsgehilfin.

Sie „kauften" mich regelrecht. Sie machten mir die teuersten Geschenke und zeigten mir, noch viel mehr als meine eigenen Eltern, die große weite Welt. Darüber kam es zum Zerwürfnis zwischen meinen Eltern und dem Ehepaar Hofmann. Meinen Eltern war die materielle Welt, in die mich vor allem Edith entführte und einführte, einfach zu viel. Ich hingegen merkte nicht, dass ich regelrecht gekauft wurde. Die Geschenke wurden immer größer und teurer. Edith und Kenny spielten mich gegen meine Eltern aus. Meine Eltern waren durchaus gut situiert, aber nicht so wohlhabend, dass sie mir all die Annehmlichkeiten hätten kaufen können, so wie Edith und Kenny sich das jederzeit leisten konnten.

Das war eine harte Zeit für mich. Ich war ein junges Mädchen, das auf der Suche nach Anerkennung war. Da waren zwei Menschen, die für dieses Mädchen alles an Annehmlichkeiten gekauft und besorgt haben, die man sich nur denken konnte. Natürlich habe ich gesehen und gespürt, dass meine Eltern unter dieser Einflussnahme gelitten haben. Doch das wollte ich nicht erkennen, zumindest nicht fürs Erste. Kurz vor meinem 18. Geburtstag kam der Bruch. Da wollten mir die Hofmanns tatsächlich ein eigenes Auto kaufen. Zugleich wurden ihre Forderungen, was meinen Gehorsam betraf, immer größer.

Ich habe bei Edith und Kenny geschlafen und war gerade erst kurz aufgewacht. Ich habe gehört, wie sie über mich und meine Eltern gelästert haben. Vor allem Edith hat sich sehr negativ geäußert. Aus dem Inhalt des Gesprächs konnte ich ihr wahres Gesicht erkennen. Schlagartig habe ich erkannt, worum es bei diesem Spiel aus Kaufen und Gekauftwerden wirklich ging. Endlich bemerkte ich, dass das ganze Kaufgebaren und Luxusleben, das Edith und Kenny mir geboten hatten, nichts anders war als reine Show. Es ging letztlich nicht um mich, sondern nur um sie. Ich sollte das Kind ersetzen, das sie selbst nie haben konnten und ich sollte all das umsetzen und erfüllen, was insbesondere Edith auf Grund ihrer Behinderung nicht mehr selbst erleben konnte.

Ich habe der Verlockung widerstanden und das Autogeschenk ausgeschlagen. Ich hätte niemals mehr in meinen Spiegel schauen können, wenn ich dieses überzogene Geschenk angenommen hätte. Ich habe gemerkt, dass meine Eltern doch nicht so schlecht für mich waren, wie es die Hofmanns mich glauben machen wollten, und meine Eltern waren froh und dankbar darüber, dass sie mich wieder zurückbekommen hatten.

Aus heutiger Sicht kann ich dennoch sagen, dass die Erfahrung, die ich mit den Hofmanns gemacht hatte, sehr lehrreich für mich gewesen ist. Ich habe aus dieser Beziehung sehr viel gelernt. Doch erst einmal hat diese heftige Enttäuschung ein tiefes seelisches Loch bei mir hinterlassen. Ich, die sich nach Liebe und Anerkennung sehnte, wurde schmerzlich auf den Boden der Tatsachen zurückgeholt. Edith und Kenny Hofmann haben mir Liebe und Anerkennung nur vorgegaukelt. Sie haben mich nicht geliebt, sondern mich in gewisser Weise missbraucht.

Eine bittere Erfahrung.

Kapitel 4

MEIN WEG – MEIN AUFSTIEG – MEIN FALL

Mein beruflicher Werdegang begann im Jahre 1996. Damals war ich 16 Jahre alt. Ich habe die Matura in einem Businesszweig mit den Fächern Werbung, Marketing, Verkauf und dem Nebenfach Informatik abgelegt. Parallel dazu habe ich Sprachdiplome in Englisch, Französisch und Italienisch erworben. Diese waren mit Auslandsaufenthalten in Brighton, Südfrankreich und Perugia verbunden. Danach bin ich in die USA gegangen und habe dort zwei Jahre die Schauspielschule besucht. Ich habe einen Teil des Geldes, das ich für die Schauspielschule und für das Leben in den USA brauchte, mit Modeljobs verdient. Das war gut, für den Lebensunterhalt gereicht hat es aber leider nicht. Das Modeln hatte ich bereits mit 14 Jahren begonnen. Ich hatte eine eigene Setkarte und war bei verschiedenen Agenturen gelistet.

Als ich aus den USA zurückkam, konnte ich mir durch meine Modeljobs fürs Erste das Überleben in der Schweiz sichern, bis ich mit einem ersten festen Job bei einer internationalen Anzeigenagentur, der Publicitas, anheuerte. Ich habe mich schnell eingearbeitet und hatte große Freude beim Betreuen internationaler Anzeigenkunden. Dieser Einstieg in mein Berufsleben ist noch heute eine gute Grundlage für mich. Ich habe viel bei Publicitas gelernt, unter anderem auch das Verkaufen. Der Grundstock für eine vielversprechende Karriere war gelegt. Das alles kam meinem Wunsch entgegen, einmal berühmt zu werden. Schon als Kind habe ich immer kommuniziert, dass ich einmal reich, schön und berühmt werden wollte.

Ein erster Erfolg in meinem Leben war die Tatsache, dass ich von der Publicitas zu COOP abgeworben wurde. Das ist eine große Genossenschaft in der Schweiz im hochwertigen Food- und Non-Food-Bereich mit einem sehr guten Ruf. Dort war ich in einem Leitungsteam für die Werbung und das Marketing und im Besonderen für das COOP-Publishing verantwortlich. Ich hatte große Freiheit und habe mit den kooperierenden Werbeagenturen und den Verlagen eigenständig Konzepte entwickelt. Es war großartig. Ich konnte all das, was ich bisher gelernt hatte, hervorragend anwenden, ausprobieren und mich weiterentwickeln. Vor allem meine Sprachkenntnisse waren sehr hilfreich für mich, da das COOP-Kommunikationsmagazin in verschiedenen Sprachen aufgelegt wurde.

Neben diesem anspruchsvollen 100%-Job habe ich die Firma DesignFoto aufgebaut und meine Ausbildung zur Werbe- und Marketingleiterin erfolgreich abgeschlossen.

Zum Hintergrund:

Mein Vater war Berufsfotograf bei der Polizei. Er wollte sich liebend gerne selbstständig machen, hat es aber nicht geschafft, weil meine Mutter, seine Frau, immer dagegen war. Sie säuselte ihm immer ein, dass es ein zu großes Risiko sei, ein Geschäft zu führen. Er solle lieber seinen sicheren Job behalten und nicht in Tagträumen versinken. Er war seit ca. 1996 bei der Polizei gemobbt worden. Die Zeiten hatten sich geändert, die Digitalisierung wurde langsam ein Thema und sein Chef – ein viel jüngerer Mann als er – tyrannisierte und kritisierte ihn ständig. Mein Vater konnte damit nur sehr schwer umgehen, wurde seine Arbeit doch bislang immer wertgeschätzt. Er war der Beste auf seinem Gebiet und mit seiner Arbeit verheiratet und nun plötzlich sollte er Dinge grundlegend anders machen. In der Folgezeit verfiel er immer mehr in einen depressiven Zustand und hatte das Gefühl, nicht mehr gebraucht zu werden. Auch Zuhause gab ihm meine Mutter das Gefühl, „nur" dafür zu arbeiten, um das

Geld nach Hause zu bringen. Es gab keinen wertschätzenden noch anerkennenden Umgang mit ihm und für ihn. Er fühlte sich einsam und unverstanden. Ich war ja noch ein Teenager und hätte ihm gerne geholfen, doch ich wusste nicht wie.

Nach meiner Matura- und Diplomfeier begann das ganze Problem mit meinem Vater sehr ernst zu werden. Er wurde immer komischer, zog sich zurück und unterschrieb Verträge, die er nicht bezahlen konnte. Er machte peinliche Auftritte und Szenen vor meinen Freunden, so dass ich mich manchmal sehr für ihn schämte. Daraufhin folgten ca. 8 Jahre zwischen den Welten. Wir pendelten immer wieder zwischen seinem Zuhause und der Psychiatrie, da er mehrmals versuchte hatte, sich das Leben zu nehmen. Er kam nicht mehr mit seinem Leben klar, da in seinem Beruf und dem Geschäft jetzt andere Regeln herrschten als diejenigen, wie er sie bisher gekannt hatte.

Statt des leichten Teenager-Lebens mit Partys und Ausgehen, wie es die meisten meiner Kolleginnen und Kollegen führen konnten, schrieb ich entweder an meinem Businessplan für mein erfolgreiches Unternehmen oder verbrachte die Zeit bei meinem Vater im Krankenhaus oder in der Psychiatrie. Ich las wesentlich mehr Bücher über Psychologie und über Krankheiten als heitere Magazine. Das war für mich wichtig. Ich wollte wissen und verstehen, was wirklich los war in seiner Welt. Teilweise war er so in seiner Welt versunken, dass er uns gar nicht sehen wollte. Es folgten viele Weihnachtsfeiern nur mit meiner Großmutter Elsa, meiner Mutter und mir. Wir waren per se eine kleine Familie, die immer kleiner wurde, da mein Vater meist im Krankenhaus oder in der Psychiatrie war. Das war unendlich trostlos und traurig für mich. Leider hat das Schicksal wegen der Krankheit meines Vaters meine Mutter und mich eher auseinandergetrieben, als uns zusammenzuschweißen. Jede von uns lebte in ihrer eigenen Welt und hat gekämpft, und vieles hat sich natürlich um meinen Vater und seine Krankheit gedreht. Für uns selbst hatten wir kaum noch Zeit.

2001, mit 21 Jahren, lernte ich Domenico kennen, der bis heute eine sehr bedeutende Rolle in meinem Leben spielt – 13 wundervolle Jahre waren wir ein Paar. Domenico ist 24 Jahre älter als ich. Dazu muss man sagen, dass ich die Menschen nicht nach ihrem Können oder ihrem Alter beurteile, sondern nach dem Herzen, und Domenico ist ein herzensguter Mensch. Als wir uns kennenlernten, war er bereits geschieden und hatte 2 Kinder.

Meine Mutter verabscheute diese Beziehung zutiefst – ohne ersichtlichen Grund. Sie kannte ihn nicht, hatte jedoch hinter meinem Rücken recherchiert und sein Alter und seinen Familienstand herausgefunden, statt mich einfach danach zu fragen. Sie lehnte ihn einfach ab und verbot es Domenico, der alles für mich tat, sich unserem Zuhause zu nähern. Dieses Hausverbot hat sie sogar polizeilich verfassen lassen – für mich völlig unverständlich!

So lebte ich wieder zwischen zwei Welten, in meinem eigentlichen elterlichen Zuhause in Reinach im Kanton Basel-Landschaft und bei Domenico in seiner kleinen gemütlichen Wohnung in Basel. Ich habe aus Kisten gelebt und bin über die Mittagszeit immer wieder nach Hause gerannt, um frische Klamotten zu holen. Abends war ich dann meist bei Domenico. Meine Mutter hat mich nach einiger Zeit rausgeschmissen bzw. mir ein Ultimatum gestellt, dass ich mir bis zum Mai eine eigene Wohnung suchen sollte.

Seither ist mir mein Zuhause heilig. Auch wenn wir viel unterwegs sind, ist es mir sehr wichtig, immer nach Hause kommen zu können. Ich brauche ein schönes und liebevoll eingerichtetes, großzügiges Zuhause für mein Wohlbefinden. Das schenkt mir Sicherheit. Damals habe ich mir 50 Wohnungen mit der liebevollen Unterstützung von Domenico angeschaut, der immer an meiner Seite war, bis ich meine erste eigene Wohnung mit 3.5 Zimmern, 2 Balkonen und einem offenen Kamin hatte. Ein extra Bastelraum und ein geräumiger Keller rundeten mein Bedürfnis nach Entfaltung in meinen eigenen vier

Wänden ab. Ich fühlte mich absolut wohl in meinem großen Reich. Meine Eltern waren nur einmal zu Besuch bei mir. Dann kam der schlimmste Tag in meinem bisherigen Leben, der 30.12.2002, an dem mein Vater verstarb. Die Lieblosigkeit meiner Mutter übertraf alles. Statt jetzt endlich – angesichts des Verlustes meines Vaters – unseren Streit beizulegen, ging es weiter wie bisher. Statt jetzt zusammenzuhalten, war sie weiterhin so kühl und herzlos wie schon vorher. Sie sorgte nicht nur mittels einer Verfügung dafür, dass Domenico nicht an der Beerdigung teilnehmen durfte. Sogar mein Name durfte in der Trauerpredigt des Pfarrers, der mich getauft und konfirmiert hatte, nicht genannt werden. Mein Name durfte auch beim vom Pfarrer verlesenen Lebenslauf nicht erwähnt werden. Ich existierte überhaupt nicht – obwohl oder gerade deshalb, weil ich doch Papis Liebling war.

Wie traurig und wie herzlos!

Mit Großmutter Elsa saß sie in der ersten Kirchenreihe und der Schriftzug auf dem Grabschmuck trug die Namen meiner Großmutter und meiner Mutter – meiner fehlte. Auch wurde er nicht im Familiengrab beigesetzt. Ich habe ihm Sonnenblumen, die er immer so geliebt hatte, ans allgemeine Gemeinschaftsgrab mitgebracht. Nicht einmal einen eigenen Grabstein hat sie ihm gegönnt – wie einsam, selbst noch im Tode. Ich war am Ende und am Boden zerstört. Während des Leichenschmauses erzählte meine Mutter den Leuten, die es noch nicht wussten, was für ein schlimmes Kind ich sei, mich mit einem „Domenico" einzulassen. Statt stolz darauf zu sein, was ich als ihre Tochter schon alles geleistet hatte, schimpfte sie einfach weiter. Ich war zwar mit Medikamenten ruhiggestellt, aber ich erinnere mich noch genauso daran, als wäre es erst gestern gewesen.

An diesem 30.12.2002 habe ich meine beiden Eltern verloren – ich stand auf, nahm meinen langen, schwarzen Wintermantel und sagte ihr ins Gesicht: „Heute ist nicht nur Papi gestorben, sondern auch

DU für mich", und ging mit meiner damaligen besten Freundin auf und davon. Danach war über 14 Jahre Funkstille zwischen meiner Mutter und mir – zwar habe ich am Anfang zumindest immer wieder versucht, Kontakt aufzunehmen – es war natürlich auch in meiner Kindheit kein von Emotionen geprägter, liebevoller Umgang, den wir gepflegt hatten – trotzdem fehlte sie mir. Bei all den Bemühungen von Domenico, es mir an nichts fehlen zu lassen, konnte er mir meine Mutter nicht ersetzen.

Was ich nie verstanden habe: Weshalb adoptiert man ein Kind – diese Adoption war mit viel Mühe und Aufwand verbunden, das ist nicht ganz so einfach, wie schwanger zu werden – und danach verstößt man das Kind? Das konnte ich nicht begreifen und schon gar nicht verstehen. Irgendwann habe ich zu meinem eigenen Besten aufgehört, den Kontakt zu suchen, da es immer nur alte Wunden aufriss und wehtat. Ich betrachtete mein Leben mit dem tollen Job, meiner Firma DesignFoto in den Anfängen, der neuen tollen Wohnung und Domenico an meiner Seite und war zufrieden mit meinem Leben auch ohne sie. „Jeder hat etwas zu tragen", sagte ich mir – „bei mir ist es halt nun so, dass ich sehr früh keine Familie mehr hatte." Dafür habe ich mit Domencio, seinen Söhnen und dessen Großfamilie in Italien, neuen Mut gefasst und dort alle meine Kraft hineingelegt.

Mein Unternehmen DesignFoto stieg auf. Statt viele private Fotoaufträge abzuwickeln, spezialisierten wir uns auf Fashion und Food, da ich natürlich durch meinen Beruf schon über beste Kontakte zu den Werbe- und Marketingabteilungen verfügte. Ich baute dies alles mit ein und hatte 2005 den großen Durchbruch. Das fühlte sich für mich so an, als wenn ich über Nacht berühmt geworden wäre.

Bei COOP habe ich gekündigt, ich wollte nur noch Vollblutunternehmerin sein. Ich war ja noch sehr jung, daher wusste ich noch nicht, dass ich meine Basis auf Sand gebaut hatte. Ich wollte immer mehr und immer weiter. Heute weiß ich, ich hatte es nur für mich und nicht mehr für die Menschen getan. Das war ein fataler Fehler. Ich hatte alle tollen Spielzeuge zur Verfügung, doch noch immer war es für mich nicht befriedigend genug, denn mein Inneres konnte damit nicht ausgefüllt werden, weil es in mir drinnen einfach leer war. Das konnten auch teure Designerklamotten, Autos, Immobilien, Schmuck etc. nicht gutmachen, denn es waren alles nur Äußerlichkeiten. Ich war abhängig von der Aufmerksamkeit und Liebe fremder Menschen. Alles war gekaufte Liebe, gekaufte Freundschaft und gekaufte Aufmerksamkeit, nur noch Domenico war echt.

Wenn du Kohle ohne Ende hast, sind sie alle da…

Doch am 01.01.2006 drehte sich das Rad. Ich erhielt einen Anruf, dass gewisse Geschäfte eines unserer größten Kunden nicht ganz koscher seien und ich natürlich nicht ganz unschuldig dabei war. Klar, ich habe auch sehr viele Fehler gemacht, aber sollte es so enden? Der Kunde wird nicht mehr bezahlen, hieß es, und ich in meinem teuer angemieteten Fotostudio dachte, das alles ist wohl nur ein großer Albtraum, genau wie damals, als es hieß, Papi sei gestorben. Aber es war die traurige Wahrheit.

Wir hatten doch erst gerade eine opulente Silvestergala gefeiert, zu der ich großzügig eingeladen hatte, wir wollten doch gerade erst unsere Villa bauen! War ich im falschen Film? Danach brach ich weinend zusammen – ich wusste ja noch nichts von der Gunst und der Kraft des Universums – doch so negativ wie ich damals war, zog ich mehr und mehr Scheiße in mein Leben hinein. Mich von Gütern wie den teuren Autos etc. zu lösen, war kein Problem. Ich wollte retten, was zu retten war – auch wenn ich an den verbleibenden 250.000 CHF Schulden nicht alleine schuld war. Später fasste ich den Entschluss, dies alles den Leuten zurückzuzahlen, nur wie, wusste ich nicht, in diesem Augenblick wusste ich überhaupt nichts mehr. Geraucht habe ich schon vorher, jetzt aber unglaubliche drei Schachteln pro Tag bis zum Exzess. Ich habe kaum mehr gegessen und getrunken, habe alles verwahrlosen und mich selber am meisten gehen lassen. Ich hatte nichts mehr zu verlieren, also war mir alles egal. Ich reise mit dem letzten Cent nach Paris, um bei einer Werbeagentur noch einen Auftrag zu ergattern, in der falschen Hoffnung, damit alles noch rausreißen zu können, was im Nachhinein natürlich völliger Blödsinn war.

Dort lernte ich jemanden kennen, der auf der „falschen" Seite im Leben stand – ich hatte wie gesagt nichts mehr zu verlieren und ließ mich auf diese Affäre ein, um wieder mal ein bisschen Glück fühlen zu können. Dass dies in einer Katastrophe enden und mich fast das Leben kosten sollte, wusste ich zu diesem Zeitpunkt natürlich noch nicht. Mit dieser Person reiste ich dann wieder in die Schweiz zurück. Domenico belog ich, was mich noch lange danach mit Schuldgefühlen plagte. Bis dahin war er doch immer an meiner Seite geblieben, auch in dieser sehr schweren und belastenden Zeit für uns.

Ich gewährte dieser Person Unterschlupf in einem leer stehenden Haus einer Freundin. Domenico belogen wir auch weiterhin. Irgendwann kam die Affäre heraus und die Lügen flogen auf. Von da an kannte ich mich selbst nicht mehr, ich stand komplett neben mir. Domenico warf meine Klamotten vom Balkon auf die Straße und fuhr kopfschüttelnd davon. Dieses Gesicht beim Abschied machte mich traurig und brannte sich tief in mein Herz. Ich war nun also mit dieser Person zusammen, ein wahrer Horrortrip begann. Dieser Typ konsumierte nicht nur reichlich Alkohol, sondern auch Drogen: so hatte er die Idee, an meinem Geburtstag im August 2006 zu verreisen, packte meine Kaffeemaschine und noch weitere Geräte ein – ich wollte da schon nicht mehr leben und war deswegen im Krankenhaus. Dieser Trip begann folgendermaßen: „Pack ein paar Sachen zusammen", verkündete er, mir war ohnehin schon alles egal, ich wollte nur noch sterben. Mit einer vollgepackten blauen Ikea-Tasche ging es los in die italienisch sprechende Schweiz, in das Tessin. Dort wurde ordentlich getrunken, ich dachte, es wäre nur ein Kurztrip, doch er hatte anderes vor. Es ging weiter nach Italien, dann Richtung Südfrankreich, nach Montpellier zu seinen Freunden. Alle wollten mich warnen, doch wie hätte ich zurückfahren sollen. Und da ich immer mehr rauchte, wurde meine Atmung schwer und ich hustete immer stärker. Kein Geld mehr fürs Benzin, kein bisschen Kraft mehr. Freunde schenkten mir Taschen voller Nahrungsmittel, ich bettelte auf der Straße nach Zigaretten, wir schliefen im Auto und am Strand. War ich das wirklich, aus der VIP-Lady wurde eine Pennerin?

Er klaute meinen Autoschlüssel, um abends zu dealen, ich habe das alles mitbekommen. Danach ging es weiter nach Valencia in Spanien, dort brach ich auf offener Straße zusammen. Er brachte mich ins Krankenhaus, doch statt mich da medizinisch versorgen zu lassen, riss er mir brutal die Infusion weg, trug mich zum Auto und fuhr mit mir nach Tanger an die Grenze zur Überfahrt nach Marokko. Ich war todkrank. Auf dem Schiff lernte er dubiose Menschen kennen, von seinem Plan erfuhr ich erst später. In Marokko quartierte er uns bei diesem „Freund" ein. Ich fühlte mich zurückversetzt in einen Stall mit Eseln und Pferden. Frauen und Männer waren getrennt und kümmerten sich liebevoll um mich, doch ich verstand deren Sprache nicht. Ich konnte nur ihre Angst um mich in ihren Augen sehen. Doch wirklich helfen konnten sie mir nicht. Verheiraten wollten sie mich, Drogen dealen sollte ich, doch Gott sei Dank habe ich wenigstens davon die Finger gelassen.

Die Reise ging weiter. Er hatte den Deal eingefädelt, mein damaliges, teures Luxusauto, das ich gekauft und dann in der Schuldenkrise wieder in ein Leasing umgewandelt hatte, zu verkaufen. Dafür hatte er dubiose Geschäftsleute gefunden und das teure Auto für nicht mal 10% seines Wertes verkauft. Mit diesem Geld gingen wir ins Hotel, mir ging es immer schlechter, ein Arzt kam und diagnostizierte nichts Gutes. Ich müsse ins Krankenhaus, doch ich wollte nur nach Hause, ansonsten, so war mir klar, würde ich hier sterben. Mein früherer Lebenswille und mein Kämpfer-Löwinnen-Geist kamen wieder zum

Vorschein. Er war die Hölle: Gewalt und seitens seiner Geschäftspartner nochmals fast eine Vergewaltigung, das Risiko zu fliegen, aber egal, ich wollte heim! So hab ich ihn rumgekriegt, mir den Flug zu zahlen von meinem eigenen Geld, unglaublich! Schließlich mussten wir noch getrennt werden im Flugzeug, weil er so aggressiv war. Ich flog von Marokko nach Paris, dorthin, wo der ganze Horror angefangen hatte, und fuhr mit der Bahn direkt ins Krankenhaus.

Raus aus dem Gefängnis

Im Krankenhaus habe ich meine Zigarettenschachteln weggeworfen, da mein Arzt mir sehr deutlich zu verstehen gegeben hat, andernfalls könnte ich schon mal Blumen für mein eigenes Grab bestellen. Dafür war ich doch noch viel zu jung und ich hatte doch noch ein Ziel. Reich, schön und berühmt zu werden – wusste ich doch schon mal, wie sich das anfühlt, das geile Leben, das Geld, die schönen Dinge und vor allem die Freiheit. Dort wollte ich wieder hinkommen, doch dieses Mal nicht auf Sand, sondern auf Beton gebaut! Das war kein leichter Weg, aber nichts ist unmöglich und geht nicht, gibt's nicht in meinem Leben.

Angekommen im Krankenhaus, kam auch Domenico mich besuchen, froh, dass ich überhaupt noch am Leben war. Des Weiteren erstattete ich eine Anzeige beim Autolieferanten, damit ich nicht auch noch in dieser Angelegenheit schuldig gesprochen wurde. Ich freute mich sehr über den Besuch von Domenico und einer sehr guten

Freundin, sie waren die einzigen, die noch verblieben waren – logisch, Kohle weg, gekaufte Freunde weg! Im Krankenhaus war ich alleine in einem 8-Personen-Zimmer mit meiner depressiven Stimmung, nicht gerade eine optimale Voraussetzung. Doch ich nutzte – damals noch unbewusst – die Kraft des Universums und visualisierte mein Traumhaus. Ich hab es in meinen Tag- und Nachtträumen liebevoll und sehr authentisch eingerichtet, als wäre es bereits einzugsbereit. Das hat mich am Leben gehalten, auch wenn mein Umfeld dachte, ich sei jetzt komplett verrückt geworden. Mit 250.000 CHF Schulden an ein Eigenheim denken!

Der Schlüsselmoment war folgender: Eine Krankenschwester hatte zu meinem Vorhaben, nach meiner Genesung so schnell wie möglich ins Ausland zu verschwinden, folgendes gesagt: „Gehen kannst du immer noch, doch räume erst einmal auf und mache eine Türe zu, damit du eine neue öffnen kannst!" Das leuchtete mir ein, also beschloss ich, als Löwin wieder aufzustehen und weiterzugehen, so wie ich immer in meinem Leben aufgestanden bin und weitergemacht habe.

Als ich aus dem Krankenhaus entlassen wurde, habe ich mir Unterstützung geholt von der Sozialhilfe. Noch während der Sozialhilfephase ging ich mit sogenannten Marken einkaufen, dort, wo auch die Armen waren – zu vergleichen mit der Tafel in Deutschland. Danach bekam ich in einer dubiosen Wohngegend ein möbliertes 1-Zimmer-Apartment, das ich sehr gerne annahm, um überhaupt wieder ein Dach über dem Kopf zu haben.

Mit dem verbliebenen Geld aus Marokko bezahlte ich das Einlagern der Möbel aus der schönen Dachwohnung. Nun wohnte ich also in diesem einzigen Zimmer, Domenico und ich näherten uns wieder an. Ich habe bei der Kirmes an diversen Vergnügungsständen gejobbt, ich war mir für nichts mehr zu schade. Mit dem wenigen verdienten Geld überlebte ich.

Gleichzeitig ließ ich mich von der Schuldnerberatung beraten – ich könne froh sein, wenn ich ein bisschen was von der riesigen Summe abtragen kann, meinte die Beraterin, und dieses Problem würde mich halt mein Leben lang begleiten.

In meinem Inneren wusste ich, NEIN, ich werde es schaffen!

Reich, schön und berühmt, mit einer Basis, dieses Mal auf Beton gebaut. Der Plan stand und Domenico war als Partner wieder an meiner Seite. Es ergab sich eine Möglichkeit für DesignFoto auf einer Messe, diese Chance nahm ich natürlich sofort wahr – trotz aller anderen, die meine Entwicklung sehr skeptisch beobachteten. Die Neider von damals wollten mich weiterhin unten sehen, doch ich gab niemals auf. Meine Reputation wiederherzustellen, war das Schwierigste überhaupt. Über einen Fotoauftrag wurde ich dann auf die Versicherungsgesellschaft AXA Winterthur aufmerksam.

Hintergrund-Infos:

Dazwischen gab es noch kurze berufliche Abstecher in die Verlagsbranche, die auch sehr dienlich waren für meine spätere Laufbahn. Die größte Lebensschule überhaupt durchlief ich im Networkmarketing bei Forever Living Products: dort habe ich mehr über Werbung, Vertrieb, Verkauf und vor allem über Menschenführung und Leadership gelernt als jemals zuvor. Moderation und Bühnenpräsenz konnte ich ausfeilen sowie eine Menge Pionierarbeit leisten. Ich erfuhr, was es mit der eigenen mentalen Kraft auf sich hatte. Der imposanteste Moment war der Film „The Secret", von da an hatten sich mein Leben, meine Einstellung und auch meine mentale Ausbildung parallel dazu komplett geändert. Ich begann, alles darüber zu lesen, was es für Möglichkeiten gibt, und schließlich die Coaching-Ausbildung zu absolvieren. Private und Paar-Coaching-Therapiesitzungen habe ich in der Folge erfolgreich durchgeführt. Dieses Talent war mir schon immer in die Wiege gelegt, ich habe es nur jetzt erst langsam erkannt, da ich nach der festen Überzeugung lebe, dass jeder im Leben eine Aufgabe zu erfüllen hat. Dafür sind wir auf der Welt für diesen tieferen Sinn des Lebens: etwas hinterlassen zu dürfen, einen Meilenstein zu setzen.

Von einer Freundin wusste ich, durch eigene Leistung kannst du viel Kohle verdienen, und als sie mir das Angebot machten, mich für den Außendienst zu bewerben, zögerte ich nicht lange. Dieser Bewerbungsprozess zog sich als längere Prozedur dahin. Dass ich anders war, wusste ich ja. Ich entsprach ganz und gar nicht dem Klischee des klassischen Versicherungsberaters, des Herrn im grauen Anzug mit Drucker und Aktenmappe, stundenlang einschwatzend auf den Kunden. Ich war eine Frau, dunkle Hautfarbe, Tattoos und bunte Klamotten – ich schloss schließlich mit Bestnote zum Erstaunen aller beim Assessment-Test ab. Immer musste ich mich erst beweisen... danach waren sie alle verblüfft!

Natürlich habe ich die ganzen Finanzausbildungen gemacht und mich FINMA zertifizieren lassen. Ich habe sehr schnell viel Erfolg gehabt, weil ich alles anders machte. Aus Sicht der Kunden habe ich deren Bedürfnisse eruiert, mit großem Erfolg ein ganz neues Verkaufskonzept erarbeitet und dabei im ersten Jahr gleich Millionen umgesetzt. Danach kamen unweigerlich die Fragen meiner männlichen Kollegen: „Wie hast du das nur gemacht?"

Hinhören statt Zuhören.
Den Kunden ganz und einheitlich wahrnehmen und erfassen.
Bedürfnisgerecht beraten.
Verkaufen, indem man eben nicht verkauft.

Das und noch einiges mehr waren meine Erfolgsgeheimnisse. Dadurch wurde auch die Direktion auf mich aufmerksam und ich durfte fortan Schulungen geben. So entwickelte sich langsam das Thema Kundenverblüffung.

Ich fühlte mich wie eine Gelddruckmaschine, denn es ging mir nur noch darum, möglichst viel Geld zu verdienen, um die Schulden abzubezahlen. Dabei habe ich aber aufgehört zu leben. Eines Abends, als ich wieder spät aus der Versicherungsagentur gekommen bin, sah ich nebenan eine Bar und eine Lounge, wo lachende Menschen bei einem Feierabendbier oder Cocktail saßen. Ich war todmüde vom Arbeiten, gleich würde ich noch alle möglichen Dinge zuhause erledigen müssen und dann völlig erschöpft ins Bett fallen, um frühmorgens wieder aufzustehen. Kann es das gewesen sein? Ist das das Leben oder zieht mein Leben gerade an mir vorbei?

Erst einmal ignorierte ich das Gefühl und war weiterhin getrieben, Geld zu produzieren und die Schulden abzubezahlen. Ich habe es schließlich auch geschafft, gemäß der Gläubigervereinbarung alles zu leisten, was abgemacht war. Ich war sehr stolz darauf, erstens, mein Wort gehalten zu haben – dankbar, dass sich alle auf diesen Umsetzungsplan eingelassen haben – und zweitens, dass ICH es geschafft habe ohne fremde Hilfe, ohne jemanden Danke sagen zu müssen! Doch auch wenn diese Last weg war, in meinem Herzen und in meiner Seele waren der Druck und die Angst, eine E-Mail oder nur den Briefkasten zu öffnen, immer noch da.

Meine Firma DesignFoto lief wieder im Nebenerwerb und ich war weiterhin sehr erfolgreich im Außendienst der Versicherung tätig. Meine Coachings gab ich weiterhin und natürlich vernachlässigte ich auch das Networkmarketing nicht, denn ich hatte immer noch mein Ziel zu erreichen:

> Frei sein in allen Lebensbereichen

2012 waren wir im Urlaub in Mexiko, da erlebte ich wieder, was eigentlich Leben bedeutet: diese Menschen besaßen weitaus weniger als ich, aber sie hatten dieses Strahlen, dieses Leuchten in ihren Augen, das Gefühl, angekommen, zufrieden und im Einklang mit allem zu sein. Ich war zwar schuldenfrei, aber noch weit davon entfernt, frei zu sein, vor allem innerlich frei. Da fühlte ich wieder meine zwei Herzen in der Brust. Freiheit und Beständigkeit: die Sehnsucht nach Freiheit, nach dem offenen Ozean, der einfach nur da ist und Beständigkeit, diese Sehnsucht nach Routine und Sicherheit. Damals habe ich noch nicht verstanden, wie ich diese zwei Herzen jemals vereinen könnte. Ich fühlte das Meer, die Menschen, die Freiheit, den Spaß, all das, was ich lange nicht mehr gespürt hatte. Für die Beziehung zu Domenico war alles sehr belastend, diese schwere und lange Krisenzeit stellte sie auf eine harte Probe.

2014 war wieder ein wichtiger Meilenstein in meinem Leben, unsere Beziehung konnte dem nicht mehr standhalten. Ich wollte endlich wieder leben, atmen, Spaß haben und frei sein – in meiner Gedankenwelt konnte dies nur allein funktionieren. Ich wollte nachholen, was mir ein Bedürfnis war, nachholen, was ich in meinen Augen schon als Teenager versäumt habe: zu leben, Partys zu feiern und zu genießen, statt ständig Businesspläne zu studieren oder mich mit Psychiatrie zu beschäftigen. Wollte aufholen, was mir die Krisenzeit – ständig begleitet von Druck und Angst – genommen hat, tauschen mit dem Rausch des Lebens auf der Überholspur des Lebens. So habe ich mich von Domenico getrennt.

Danach kam das pralle Leben, ich habe nichts ausgelassen. Doch auch das war es nicht, wonach ich gesucht hatte. Es war leer in mir, leerer als vorher. Bevor ich alles komplett an die Wand fuhr, wurde ich einsichtig, denn nach zwei Burnouts in meinem bisherigen Leben wäre ein dritter fatal gewesen. Ich wollte nicht nochmals in einer Klinik landen, dies wollte ich mit allen Mitteln verhindern. Deswegen ging ich für eine kurze, jedoch intensive Zeit 2015 ins Kloster nach Bludenz. Als ich aus dem Kloster kam, kam für mich eine wundervolle Zeit, erstmalig spürte ich mich wieder! Ich war ganz bei mir selbst, konnte nun auch alleine sein, hatte damit kein Problem mehr. Ich konnte sehr viel aufarbeiten und hatte auch diesen göttlichen Zugang wieder gefunden. Ich bin ein sehr gläubiger Mensch, auf meine eigene Art und Weise, was meiner Meinung nach nichts damit zu tun hat, wie oft man in die Kirche geht. Gott ist überall schützend über uns und liebt uns und auch mich nach allem, was geschehen war, davon war ich nun fest überzeugt.

Des Weiteren war mein Fokus auf meinen Freundeskreis gelegt, den ich mir mühsam erst jetzt aufgebaut hatte, vor allem auf meine beste Freundin aus der Networkzeit von 2007. Nicole spielt bis heute eine sehr wichtige Rolle in meinem Leben, da sie viel Zeit nur für mich aufbringt, in guten wie in schlechten Zeiten. Sie ist deswegen auch Mitbegründerin meiner Stiftung.

Nach dem Kloster wollte ich Zeit für mich, meine Freunde und meine Karriere haben. Auf diese drei Schwerpunkte war mein Fokus gerichtet. Da saß ich nun in meinem Traumhaus (ach so, ich habe ja ganz vergessen zu erwähnen, dass ich es auch zusammen mit Domenico kurz nach der Krise geschafft habe, mein erstes Traumhaus, welches ich im Krankenhaus gemalt habe, zu realisieren).

Ich saß im Garten auf einer Picknick-Decke mit meiner geliebten Musik und sandte meiner Nicole ein Bild von mir – relaxed, ein ganzes Wochenende nur für mich. Dies wäre früher undenkbar gewesen, ich war ja nur getrieben und konnte nicht alleine sein – alleine sein vielleicht schon, aber ich verspürte Einsamkeit ohne einen Partner. Das hat sich alles geändert. Fast zehn Jahre habe ich intensiv an mir gearbeitet. Auch durch die vielen mentalen Aus- und Weiterbildungen und den sich daraus ergebenden Eigenreflektionen, arbeitest du, ob du es willst oder nicht, immens viel an und mit Dir.

Das Networkmarketing habe ich ca. 2012 niedergelegt. Ich richtete den Fokus auf etwas anderes und nicht auf tausend Dinge – es waren diverse Sachen, z. B. die Führungsqualitäten in der Chefetage, nicht mehr tragbar und stimmig für mich. So habe ich sehr gerne auf dieses passive Einkommen verzichtet, denn meine Werte hatten sich da schon verschoben. Geld ist wichtig und ich liebe es, jedoch ist es nur ein Transportmittel für die wirklich wahren Beweggründe und die liegen im Inneren und nicht im Äußeren.

Nun war ich fokussiert auf meinen Job in der Versicherungsbranche und auf die Coachings, als im Sommer 2015 Marco in mein Leben trat. Ich wollte Ruhe und meinen Frieden, doch mit Marco kam es ganz anders. Er war komplett anders, als ich mir meinen Partner vorgestellt hätte. Glatze, Voll-Tattoos, klein, CH-Bürger, Bikertyp, schwarz gekleidet und negativ denkend, Realist. Trotzdem habe ich mich auf diese Beziehung, in die ich schneller hineinschlitterte, als es mir lieb war, eingelassen – der zweite Horrortrip, wie sich später herausstellen sollte. Es war eine sehr bewegende, aber für mich auch eine immens lehrreiche Zeit. Es gibt Menschen, die sich perfekt in der Beziehung ergänzen, die das Positive hervorheben, die einfach füreinander geschaffen sind – so wie Kim-Oliver und ich – und es gibt Beziehungen, die holen den Teufel aus dir heraus, die zerstören alles. So war es bei Marco und mir.

2016 wollte Marco den Pacific Crest Trail (PCT) in den USA laufen, ein Traum sollte für ihn in Erfüllung gehen. Marco war außerordentlich sportlich und sehr gut trainiert, denn er kam vom Kampfsport. Wir trainierten oft in der Kletterhalle und natürlich auch draußen am Fels, was auch mir großen Spaß bereitete. Ich liebe es, Überraschungen zu planen und anderen Menschen Dinge zu ermöglichen, die sie vielleicht aus eigener Kraft und mit ihren Möglichkeiten alleine nicht schaffen könnten. So gab es auch das Fest für Marco anlässlich des Auftakts für den PCT. Ich habe sogar noch aus Holland Paul einfliegen lassen, den er im Internet kennengelernt hatte, die beiden wollten für 6 Monate zusammen laufen.

Während dieser Zeit habe ich für uns einen Lebensplan entworfen. Das heißt, ich merkte, dass mittlerweile Trainingsworkshops immer mehr gefragt wurden, nicht nur in der Finanzbranche, sondern auch branchenübergreifend. Somit gründete ich nebenbei meine zweite Firma SK Coaching mit dem Schwerpunkt auf 1:1-Trainings für Unternehmen und den Kundenverblüffungs-Workshops für alle Branchen, vorerst nur in der Schweiz.

Dann nahm ich einen neuen 100% Job bei der Zurich Invest an und habe mich dort nochmals im Investmentbereich ausbilden lassen. Doch dann war Marco weg! Unsere anfängliche Beziehung war zu diesem Zeitpunkt von wenig schönen, jedoch umso häufiger von dramatischen Momenten mit sehr viel Unverständnis und Streit geprägt. Nach meiner sehr friedvollen und liebevollen 13-jährigen Beziehung mit Domenico konnte ich diesen Unfrieden kaum ertragen – natürlich gehören immer Zwei dazu – aber man kann entweder das Göttliche oder aber auch das Teuflische aus einem Menschen herausholen, die Frage ist nur, worauf der Schwerpunkt liegt. Und Marco sagte im Nachhinein: „Wir haben uns nicht gut getan." Dem stimme ich zu 1.000 Prozent zu. Jedoch war es ein schlimmer, aber auch ein guter Lernprozess. Denn der Mensch ist nicht per se schlecht, nur in mancher Kombination kann es eine sehr explosive Mischung sein.

Meine ganze Hoffnung setzte ich auf die sechs Monate PCT. Auch seine Familie hoffte, dass er damit verarbeiten konnte, was ihn noch aus seiner Vergangenheit belastet hatte, doch dem war leider nicht so. Meine sechs Monate waren minutiös durchgeplant, denn ich war wieder alleine mit dem herausfordernden neuen Job und dem Aufbau von SK Coaching. Alles andere habe ich abgelegt, um den Fokus konzentriert nur noch auf mein wirkliches Ziel auszurichten.

Marco hatte zunehmend auch Probleme beim Laufen, seine aggressive Stimmung war nicht mehr zu verbergen. Ich hatte zwar meinen Frieden, aber immer, wenn wir uns geschrieben oder telefoniert haben, kochte wieder etwas hoch und meine Stimmung hatte sich schlagartig verändert. So eröffnete er mir nach kurzer Zeit in den

USA, er würde zurückkommen, es ginge einfach dort nicht mehr. Ich erwiderte ihm, dass ich ihn nicht sehen wolle, da das Ziel meiner und auch seiner inneren Ruhe und Einkehr noch nicht erreicht war – er müsse ja den PCT nicht weiterverfolgen, er könne ja auch in den USA bei seinen vielen Freunden bleiben. Doch nichts war ihm recht, ich wurde am Telefon beschimpft und so ahnte ich schon, was mich zu Hause erwarten würde. Nachdem er noch eine Zeit lang umhergeirrt war, kam er schlussendlich wieder nach Hause. Er könne nicht mehr im Zimmer in der Wohnung seiner Eltern bleiben, klagte er – also zog er zu mir in mein Haus, ein fataler Fehler, wie sich später herausstellen sollte.

Streit, Gewalt, zusammenpacken, auspacken, umpacken, gehen und doch wieder bleiben: all das war an der Tagesordnung. Es gab kaum eine ruhige Phase und das in einer für mich so intensiven Zeit – auch im Geschäft und in meinem Umfeld merkte man, wie sehr ich mich veränderte, und natürlich auch er selbst. Ich verlor immer mehr mein Lachen, war oft krank und hatte Unfälle. Nichts geschieht durch Zufall, nach diesem Prinzip lebte ich und ich wusste, es war ein Wink von oben – den ich aber erst später wahrgenommen habe. Domenico hat mich einmal gesehen und sprach folgende Worte: „Anderen kannst Du vielleicht etwas vormachen, aber nicht mir, ich sehe, dass Du nicht glücklich bist!" Puh, diese Worte saßen, denn er kennt mich immer noch am besten nach bald 20 Jahren, seit wir uns kennengelernt haben.

2016 neigte sich schließlich ein Jahr dem Ende zu, das mich viel Kraft gekostet hatte. Ich fühlte, dass dies nicht das war, wie ich mir meine Zukunft vorgestellt habe, aber ich habe nicht auf mein Bauchgefühl gehört. Ich habe es unterdrückt und heute weiß ich, dass sowohl ich als auch Marco ein Leben geführt haben, auf das wir beide null Bock hatten. Wir sind keine bösen Menschen. Ich behaupte, es gibt keine bösen Menschen, nur Menschen, die einfach von Grund auf nicht zueinanderpassen und in dieser Kombination eine explosive

Mischung ergeben. Genauso waren wir – wir hätten niemals zusammen sein dürfen. Aus meiner schlimmsten Zeit 2006 weiß ich, jede Krise, jede Beziehung und jede Erfahrung, und seien sie noch so schlimm, bringen dich weiter und haben mich auf dieses Level gebracht, auf dem ich heute bin. Dafür bin ich trotz allem dankbar.

Wir waren eine tickende Zeitbombe, aggressiv, beleidigend bis unter der Gürtellinie. Trotzdem hatte ich diese falsche Vorstellung, heiraten zu müssen und Kinder in die Welt zu setzen. Marco liebte Kinder und wünschte sich diese so sehr. Ich dachte damals, das möchte ich auch, doch später musste ich mir eingestehen, das war im Herzen nicht mein Wunsch und vor allem nicht so. Dieses Bild, „du solltest jetzt mit bald 37 Jahren endlich heiraten und Kinder kriegen!", brannte sich immer mehr ein. Ich suggerierte es mir aber immer mit einem ungutem Gefühl, das ich nur meiner Nicole anvertraute.

Parallel dazu begann ich mein Studium „Coaching Aspekte nach psychologischer und theologischer Sichtweise", das in erster Linie für mich wieder enorm lehrreich war. Natürlich war es auch eine sinnvolle Ergänzung zu meinen bereits sehr erfolgreichen 1:1-Trainingsmethoden und den Werkzeugen, die ich als die "Kundenverblüfferin" mit meinem ganzen Erfahrungsschatz konzipiert habe und erfolgreich anwende und diese an meine Kunden weitergebe, damit sie diese adaptieren und sie zu den ihren machen können. Dabei wurde mir wieder so einiges über mich klar – viele warnten mich und gaben mir kluge Ratschläge, um die Beziehung endlich zu beenden. Doch wie gesagt, zu einem solchen Schritt gehören immer Zwei.

17.07.2017

Wenn schon, denn schon, war ja immer mein Lebensmotto, klein denken, nein danke! Also gab es eine große Verlobungsfeier auf der Burg Rötteln, eine der größten und imposantesten Burgruinen in Südbaden, die ich für diesen Zweck eigens angemietet hatte.

Musik, Fotograf und Catering waren vertreten. Unsere Liebsten waren als Überraschungsgäste da. Ein Goldschmied hatte einen wunderschönen einzigartigen Verlobungsring für Marco angefertigt. Und so fragte ich ihn, ob er mich heiraten möchte, ein sehr ergreifender emotionaler Moment. Und doch gleichzeitig der Fehler meines Lebens. Denn auch nach diesem Tag änderte sich nichts, auch nicht mein Bauchgefühl. Eine glückliche Verlobte fühlt sich anders an.

Ein paar Tage danach und schon flammte von meiner Seite der Streit wieder auf, weil Marco die Emotionen nicht so zeigen konnte, wie ich es mir gewünscht hatte, und schon flog mir der wundervolle Ring ins Gesicht. So sollte also meine Zukunft aussehen… Wunderbar, wenn dann später auch noch meine künftigen Kinder dabei zusehen!

Dass Marco sein Bestes gegeben hat, so wie ich auch, und einfach nicht mehr Emotionen zeigen konnte, das begriff ich erst viel später. Ich benötigte keinen Mann für meine finanzielle Versorgung, dieses Ziel hatte ich inzwischen selber erreicht, und diesmal, wie gesagt, war es auf Beton gebaut. Ich wünschte mir einfach jemanden an meiner Seite, der Emotionen zeigen konnte, denn eine kühle Mutter hatte ich schon jahrzehntelang, das brauchte ich kein zweites Mal mehr.

Zudem wünschte ich mir jemanden, der von Herzen mit mir gemeinsam etwas auf- und ausbauen wollte, weil er es von sich aus will und nicht, weil er das Gefühl hat, in meiner Welt leben zu müssen. Jemand, der das von ganzem Herzen mitträgt, dem ich mit diesem geilen Leben eine Freude machen und alles geben kann, damit es auch wertgeschätzt wird. Das kann jedoch nur dann funktionieren, wenn man sich so ein Leben immer gewünscht hat, sonst geht es nicht. Du kannst niemanden einen Lottogewinn schenken, der sich daraus nichts macht – dann ist es schlicht und einfach vergebene Liebesmüh. Stattdessen wird sich ein anderer riesig freuen, der sich einen Lottogewinn immer sehnlichst gewünscht hat.

Und genau so reifte die traurige, aber wahre Erkenntnis, dass Marco sich dieses Leben nie gewünscht hatte, er wollte einfach ein ganz normales Leben mit Familie und Kindern führen.

Meine Karriere hatte gerade erst begonnen, ich wollte auf ein höheres Level steigen. Vieles drehte sich nur um mich und meinen Erfolg. Damit konnte er nicht umgehen, ich war zu dominant in unserer Beziehung. Deswegen konnte er dieses Leben auch nicht wertschätzen, weil er es so gar nicht haben wollte. Und ich, wenn ich ehrlich zu mir selbst bin, wollte niemals seine Art zu leben. Vor allem wünschte ich mir jemand, der einen liebevollen Umgang hat, denn nur dann war ich selbst auch ruhig und liebevoll. Ich wollte mich nicht immer wehren und austeilen müssen und wollte nicht immer daran denken, wie wird jetzt wohl wieder die Stimmung sein, wenn ich nach Hause komme.

Gott sei Dank kam es am 11.11.2017 wieder mal zum Streit, wieder mal fielen miese Worte aus der untersten Schublade. Entschlossen, das damals gebuchte Seminar alleine zu besuchen, fuhr ich mit meinem Auto los, obwohl dessen Reparatur noch nicht abgeschlossen war. Das Auto hatte einen Defekt und schaltete sich auf der Autobahn plötzlich ab. Ich hatte Glück, dass ich überlebte. Es bildete sich ein Rückstau, alle nachfolgenden Fahrzeuge konnten abbremsen und somit war ich gerettet. Nachdem dann der Abschleppdienst gekommen war, quälte mich Marco weiterhin mit Anrufen.

Mit einem Ersatzfahrzeug kam ich schließlich am Seminarort an – alle wussten Bescheid, auch meine Nicole war da, ich hatte also viel Unterstützung. Zu meiner Überraschung kam auch Marco – gut, dachte ich, die Hoffnung stirbt bekanntlich zuletzt. Soll er seine Chance haben, und vielleicht ist es auch unsere gemeinsame Chance. Doch zum Glück kam alles anders als geplant – Marco verließ das Seminar mittendrin und somit beendeten wir den Horrortrip und dieses leidige Thema, zu heiraten und Kinder zu bekommen.

Eine riesige Last fiel von den Schultern, und das nie aufhörende komische Bauchgefühl war plötzlich weg. Zweifelsohne war es zwar eine sehr schmerzvolle Zeit, die Hochzeit und alles Drumherum abzublasen und alle Leute zu informieren, aber immer noch viel besser als eine Zukunft in der Hölle.

Im Dezember 2017 plante ich, in kurzer Zeit mein Leben völlig neu zu ordnen. Da ich immer sehr vorausschauend bin, war aber das gesamte Jahr 2018 bereits verplant und diverse Vorhaben, wie z.B. Urlaube, schon bezahlt. Ich schenkte diese Dinge an meine Freundinnen weiter und ordnete in kurzer Zeit mein Leben komplett neu.

NUR FÜR MICH!

Es tat mir so gut, auch die Collage 2017/2018 in Verbindung mit einem Rückblick- und Ausblick für mich alleine zu machen, nur mit mir alleine anzustoßen und abends zusammen mit Nicole zu feiern. Dort ist das folgende Bild entstanden, mit dem Lachen und dem Strahlen von früher. Da habe ich mir geschworen und meinem Herzen versprochen, dass ich es niemals mehr zulassen werde, egal wer kommt, mir mein Lachen und mein Strahlen und meinen Erfolg und alles, was dazu gehört, nehmen zu lassen, niemals mehr!

2018 gab es einen fulminanten Start nach der Trennung von Marco, auch weil der Erfolg, der damals schon existierte, nochmals tausendfach übertroffen wurde. Es floss nur so an Aufträgen von TV- und Radioauftritten, es war unaufhaltsam. Und heute weiß ich, dass ich dieses Pensum, das ich im geilen Jahr 2018 zu bewältigen hatte, niemals hätte schaffen können nur mit der wenigen Kraft, die mir aus der Beziehung zu Marco noch geblieben wäre. Denn wenn eine Beziehung mehr an Energie und Kraft nimmt, als sie einem gibt, dann verlasse das „tote Pferd", steig' ab und geh deinen eigenen Weg, und zwar möglichst frühzeitig.

Danach gab es kein Halten mehr – ein paar Fakten von 2018:

- Die Gold- und Saphirpakete waren noch nicht einmal auf dem Flyer gedruckt und schon wurden die ersten 10 verkauft.
- Die "Kundenverblüfferin" war geboren mit den passenden Keynotes.
- Es folgte eine Europatour on stage zu diesem Thema.
- 50 VIP-Kunden wurden in nur wenigen Monaten aufgebaut.
- Der neue Kundenverblüffungs-Workshop war nun auch sehr erfolgreich in Deutschland.
- Kim kennengelernt und mir ihr nicht nur unser privates Leben aufeinander abgestimmt, basierend auf unseren 5 Lebensbereichen.
- 2 Wohnsitze eingerichtet in CH und DE
- Auch noch die Vorbereitung getätigt für die Geschäftspartnerschaft ab 1.1.2019
- Mein Onlineprogramm wurde erfolgreich gelauncht
- Ersten Grundstein gelegt für die Stiftungsgründung und den damit verbundenen zwei Buchprojekten und der großen Promi–Charity Gala

Warum zähle ich diese Fakten auf? Viele denken, dies alles ist über viele Jahre hinweg entstanden. Klar, es waren viele Mosaiksteine notwendig, um mein Wissen zu bündeln und all das daraus entstehen zu lassen, aber das meiste ist erst im Jahr 2018 entstanden.

Alles ist möglich, habe den Mut, aus einer Krise das Beste zu machen, denn ich habe letztlich mein Ziel erreicht, wie du jetzt weißt. Reich, schön und berühmt, aber das ist längst nicht mehr alles, die Werte haben sich gedreht. Gesundheit, Freiheit in allen Bereichen und ein Mehr an Zeit ist das, was zählt: das geile Leben, das wir jetzt führen, mit dem Menschen zu teilen, der meine große Liebe ist. Mit diesem Menschen will ich 104 Jahre jung werden, das ist tausendfach so schön!

Dafür bin ich sehr demütig und dankbar geworden, und jeden Tag schreibe ich in mein Dankbarkeitsbuch.

Danke an:
Kim-Oliver Traumüller
Gisela Traumüller
Elke, Michael und Ronja
Domenico Martino
Nicole Kreienbühl
Eva-Maria Popp
Matthias Kuhn
Elsbeth und Marc Kocherhans

Sabina Kocherhans

Geboren 1980 in Sri Lanka
und aufgewachsen bei ihren Adoptiveltern in Basel.

Ausbildungen in Marketing und Vertrieb in einem internationalen Großhandel und einer großen Versicherung
Auslandsaufenthalte in USA und Sprachenstudium in Englisch, Französisch und Italienisch

Erste Firmengründung 2003 und der große Crash 2006, bei dem sie alles verloren hat: Firma, Reputation, Vermögen und ihre Familie. Als Kämpfernatur hat sie sich mit einem unglaublichen Mut und Einsatz zurückgekämpft in ein erfolgreiches Leben.

Nach einer intensiven Coachingausbildung hat sie das erfolgreiche Format der „Kundenverblüfferin" geschaffen.

2019 hat sie die SK WelcomeHome die Transgenderstiftung ins Leben gerufen und ist deren Präsidentin. Der Grund dafür liegt in ihrem privaten Umfeld, in dem sie das Thema Transgender hautnah erlebt hat. Seither weiß sie um die Schwierigkeiten, mit denen trans* Personen und trans* Kinder und deren Familien kämpfen. Mit ihrer Stiftung setzt sie sich für die gesellschaftliche Akzeptanz des Themas Transgender ein.

https://www.sabinakocherhans.com/

TRANS* PERSONEN ERZÄHLEN

Im Kapitel „trans* Personen erzählen", kommen Frauen und Männer zu Wort, die bereits einen weiten Weg zu einem selbstbestimmten Transgenderleben gegangen sind.
Sie erzählen von ihren Erfahrungen im Privat- und Berufsleben, von ihren Brüchen und Enttäuschungen.

Allerdings lesen wir auch von der Zufriedenheit und dem neuen Glück mit einem selbstbestimmten Leben nach dem Outing.
Wir lesen von den Forderungen an einen gesellschaftlichen Wandel und einen Appell an alle Menschen, die Lebensentwürfe unserer Autor*innen so zu akzeptieren, wie sie sind.
Besonders beeindruckend und bewegend ist die Geschichte von Julana, die sich im Alter von neun Jahren geoutet hat. Sie und ihre Familie machen Mut und zeigen auf, wie wichtig es ist, Menschen um sich zu haben, die verstehen.

Alle Beiträge unserer Coautor*innen tragen dazu bei, dass die Leser*innen verstehen und begreifen, was es bedeutet, ein Transgenderleben zu führen.

DANA DIEZEMANN

Sehr reflektiert und mit einem hohen Verständnis für die gesellschaftlichen Zusammenhänge, zeigt Dana Diezemann auf, was sich in unserer Gesellschaft ändern muss, um zum Normalitätsprinzip zu gelangen.

Sie ist damit ein Vorbild für die Community und eine Mahnerin für die Gesellschaft!

Dana Diezemann

MEIN KÖRPER IST NUR DIE HÜLLE, IN DER ICH LEBE. DAS HAUS, IN DEM ICH WOHNE.

Spielt es wirklich eine Rolle, ob diese Hülle hell oder dunkel aussieht, groß oder klein, dick oder dünn ist? Ist es wichtig, ob männliche oder weibliche Körpermerkmale sichtbar sind? Das alles sollte doch im täglichen Miteinander nicht wirklich von Interesse sein. Leider sieht die Realität anders aus. Es gibt Mitmenschen, die uns das Leben sehr schwer machen. Warum?

Wir Transidenten haben nichts Ansteckendes. Wir stören niemanden. Trotzdem werden wir nicht in Ruhe gelassen, sondern oftmals ausgegrenzt. Wir passen nicht in herkömmliche Denkmuster, in alte Konditionierungen und überholte Weltanschauungen. Wir stehen sichtbar und erkennbar für Wandlung und Verwirklichung. Wir rütteln an Eckpfeilern und erzeugen Angst. Und diese Angst verursacht Neid, Feindseligkeit und Ausgrenzung. Das erlebe ich ständig.

Mein Vorgesetzter hatte vor Jahren mit meiner Wandlung „ein Problem." Ich passte nicht in seine christlich fundierten Glaubenssätze. Immerhin war er so ehrlich, mit mir darüber zu reden. Es gibt für manche Mitmenschen eben oft nur Schwarz und Weiß oder Mann und Frau – dazwischen ist nichts.

So wird aus einer bunten Welt eine Welt in rosa und hellblau.

Leider wurde das Problem meines Chefs auch mein Problem. Ich habe nach langem Kampf meine Arbeitsstelle verloren. Bezahlt wurde ich an meiner alten Arbeitsstelle für meine Denkleistung, entscheidend für meinen Rauswurf war jedoch mein Körper. Ich habe erfahren, wie es als sichtbarer Mann in einer patriarchischen Ordnung zugeht und weiß nur zu gut, wie ich mich als Frau nach dem Coming-Out beweisen musste. Ich schüttle nur den Kopf und habe kein Verständnis für diese Behandlung in unserer Gesellschaft.

Transidente sind kompatible Mitarbeiter in Arbeitsteams, denn wir verstehen beide Seiten. Wir tragen viele Facetten in uns. Und vor allem haben wir keine Leiche mehr im Keller. Wir sind eins mit uns selbst und ruhen in uns. Mit dieser Kraft bereichern wir die Diversity unserer Arbeitswelt.

Wie schön, dass es die ersten Unternehmen gibt, die das erkennen. Es geht also in die richtige Richtung. Wir Transidente sind ein authentisches Beispiel für Change Management und Transformation. Wer einen Körper umbauen kann, der schafft das auch mit Strukturen im Arbeitsleben.

Damit diese Anerkennung schnell voranschreitet, ist jedes Engagement zum Thema Transgender sehr wichtig. Aufklären, Ängste abbauen, präsent sein, das sind unsere Aufgaben, obwohl wir im aufgeklärten 21. Jahrhundert leben.

Sabinas Geschichte, die in diesem Buch erzählt wird und die vielen anderen authentischen Lebensläufe sind symptomatisch für das, was wir dringend brauchen: Respekt und Toleranz, gelebt mit dem Herzen.

Unser Menschsein ist es, was uns vereint.
Lasst uns wertschätzend miteinander umgehen!

Ich bedanke mich bei Sabina Kocherhans, dass sie mit diesem Buch dazu beträgt, unsere Welt ein bisschen menschlicher zu machen.

Dana Diezemann

Jahrgang 1967
verheiratet

Expertin für Kameras
Mein beruflicher Werdegang ist kompliziert und unkonventionell. Erst aus der Schulzeit heraus in die Selbstständigkeit. Ohne Ausbildung. Ohne Studium. Dann nach einem kompletten Konkurs in eine Festanstellung. Über 20 Jahre in verschiedenen Firmen erfolgreich gewesen. Und durch das Coming-Out schlussendlich den Jobverlust erfahren und heute kämpfend wieder in der Selbstständigkeit.

Mein Lebensmotto:
Klingt ein bisschen platt, ist jedoch genau so gemeint!

„Lebe dein Leben und sei du selbst
– egal was die Nachbarn sagen."

www.diezemann.info

KIM-OLIVER TRAUMÜLLER

Der Beitrag von Kim-Oliver Traumüller gewährt einen tiefen Einblick in das Leben und Fühlen als Transvestit und zeigt damit eine weitere Facette des weitreichenden Themas Transgender auf.

Kim-Oliver Traumüller

ENDLICH ANGEKOMMEN!

Ich habe einen langen, sehr langen Weg hinter mir, den ich in meiner eigenen Zweisamkeit gegangen bin. Dieser Weg war hart, um nicht zu sagen, sehr hart. Allerdings bin ich von Haus aus eine gelassene Frohnatur, die sich nicht so leicht aus der Ruhe bringen lässt. Dieser Umstand hat mich in meiner jahrelangen Zerrissenheit und meinem Pendeln zwischen den Welten vor dem seelischen Ertrinken gerettet. Geboren wurde ich 1971 im schönen Worms, der deutschesten unter den deutschen Städten, fest verankert in den Köpfen der Bevölkerung mit der Nibelungensaga und erzkonservativ.

Ich bin zusammen mit zwei Brüdern aufgewachsen in einer Familie, die mir Geborgenheit gegeben hat. Meine Eltern haben ein eigenes Geschäft betrieben und mein Vater war zugleich Berufsmusiker. Meine Kindheit war geprägt von Swing und Jazz, den mein Vater über alles geliebt hat. Er hatte als Bandleader viele Auftritte, die ihn durch ganz Deutschland führten, vor allem auch in die amerikanischen Militärkasernen von Worms und Umgebung.
Es kann gut sein, dass es diese musikalische Präsenz gewesen ist, die mich mit einer fröhlichen und robusten Natur ausgestattet hat, die mir mein Leben bis heute erleichtert. Ich kann von großem Glück sprechen, dass ich nicht an meiner Liebe zum „anderen Geschlecht" zerbrochen bin wie manch andere.

Meine Schulzeit verlief unspektakulär und mündete direkt in einer Lehrstelle zum Zimmermann. Dieser Beruf hat mir sehr gefallen, die Arbeit mit den Händen, auch die Gemeinschaft auf der Baustelle und die Arbeit in einem Team. Allerdings litt ich sehr unter der Kälte und den oft unwirtlichen Witterungsverhältnissen. Deshalb war mir klar, dass ich mich bald nach Beendigung meiner Lehre umorientieren würde.

Mit der Pubertät begann auch mein zweites Leben als Frau. Es hat lange gedauert, bis ich wusste, was da in mir war. Ich fühlte es mehr und mehr sehr deutlich in mir, dass es mir nicht genügte, als Mann durchs Leben zu gehen. Da war noch etwas anderes. Ich fühlte mich sehr hingezogen zu allem, was weiblich ist. Schöne Kleider, Taschen, Accessoires und ein schön geschminktes Gesicht.
Anders als bei trans* Menschen habe ich mich nicht in meinem männlichen Körper unwohl gefühlt, sondern hatte das Bedürfnis, mal Mann, mal Frau zu sein.

Ich habe lange, sehr lange gebraucht, bis ich verstanden habe, was da in mir ist, was mit mir passiert.
Damals gab es noch kein Internet und ich hatte keine Gelegenheit, mich zu informieren oder mit jemandem über meine Neigung zu sprechen. Das war eine schwere Zeit und ich fühlte mich sehr unwohl in meiner Haut.
Parallel dazu habe ich als Mann einen neuen Beruf als Kraftfahrer ergriffen. Viele Jahre lang bin ich mit großer Begeisterung durch Europa gefahren und habe auf diese Weise viel gesehen von der Welt. Danach habe ich eine Stelle in der BASF als Logistikmanager angetreten.
Privat war mein Leben eher schwierig. Ich war liiert mit einer sympathischen und sehr netten Partnerin. Wir haben eine gemeinsame Tochter Ronja.
Weder meine Partnerin noch meine Familie und Freunde wussten von meinem zweiten Leben als Frau.
Dieses Versteckspiel hat mir schwer zu schaffen gemacht. Ich hatte zwei Handys, zwei Facebook- Accounts, zwei Telefonnummern… und immer diese Angst im Nacken, dass das Doppelleben auffliegen würde.

Im Gegensatz zu trans* Menschen, die sich im falschen Körper fühlen, fühle ich mich als Mann und als Frau wohl. Allerdings genügt es mir nicht, nur mit einem Geschlecht zu leben. Ich habe das große

Bedürfnis und fühle mich nur wohl, wenn ich mal Mann und mal Frau bin. Wenn ich gefragt werde bezüglich der Verteilung meines Fühlens, dann kann ich sagen, dass meine Welt in Ordnung ist, wenn ich zu 60% als Mann agiere und zu 40% als Frau lebe. Man nennt diese Lebensform Transvestit.

Wenn ich meine weibliche Seite ausleben wollte, dann musste ich weit wegfahren von zuhause, um unerkannt zu bleiben. Wenn ich mich zurechtmache, meine schönen Kleider aus dem Schrank hole und mich schminke, dann will ich mich auch zeigen. Ich liebe es auszugehen, auf Partys zu gehen und zu tanzen. Die Gefahr, erkannt zu werden, tanzte bis zu meinem Outing immer mit.

Ganz egal, wie weit du aus deiner Heimatstadt wegfährst, du begegnest immer wieder bekannten Gesichtern.

Inzwischen war meine Beziehung mit Ronjas Mutter in die Brüche gegangen. Ich wollte endlich raus aus der negativen Spirale aus Lügen, Verstecken und Angst, so dass ich Schritt für Schritt meinem Umfeld reinen Wein einschenkte.

Ich begann mein Outing mit meiner neuen Partnerin. Sie wusste von vornherein um meinen Lebensentwurf und hatte damit anfangs kein Problem. Allerdings wurde ihr das Ganze im Laufe der Zeit zu viel. Sie konnte das Leben mit Kim nicht länger ertragen.

Im nächsten Schritt habe ich mich meiner Mutter gegenüber geoutet und meinem Bruder Thomas. Mein Vater und mein Bruder Stephan waren zu diesem Zeitpunkt schon tot. Meine Mutter hat es mit großem Verständnis und Fassung aufgenommen, mein Bruder Thomas nicht. Er konnte und wollte es nicht begreifen, dass ich ein Transvestit war, was mir sehr wehgetan hat. Leider ist mein Bruder Thomas bereits verstorben, so dass wir keine Gelegenheit mehr haben, diese Barriere zwischen uns aufzuräumen.

Danach waren die Freunde und Bekannten dran. Vor allem im Freundeskreis habe ich gute Erfahrungen gemacht. Die meisten haben es mit Erstaunen vernommen und sind dann zur Normalität übergegangen. Es war okay.

So habe ich, bis ich Sabina kennengelernt habe, mit zwei Identitäten gelebt. Als Mann war ich Oliver Traumüller, als Frau Kim Sweet. Ich musste mich nicht mehr verstecken, allerdings hatte ich noch immer zwei Facebook-Accounts und auch zwei Namen.
Über die Begegnung mit Sabina, über die vielen Gespräche und vor allem durch die Arbeit für dieses Buch habe ich mich endlich entschlossen, meine beiden Identitäten zu vereinen.
Jetzt bin ich Kim-Oliver Traumüller, die einmal ihre weiblichen Anteile lebt und ein andermal seine männlichen... Ich muss mich nicht mehr verstecken, ich akzeptiere mich selbst, so wie ich bin und werde auch von den anderen akzeptiert.
Vor einem Jahr habe ich meine Arbeit in der Logistikbranche an den Nagel gehängt und bin seit 01.01.2019 Partner der Firma SK Coaching. Für die „SK WelcomeHome die Transgenderstiftung" gehöre ich dem Stiftungsrat an und bin Gründungsmitglied. Sowohl meine Arbeit in der SK Coaching als auch in der Stiftung bereitet mir große Freude. Ich bearbeite die vielen Aufgaben im Backoffice und kann mich mit meiner ganzen Lebenserfahrung einbringen. Das gibt mir ein gutes Gefühl. Mein persönliches Ziel ist es, dass sich trans* Menschen und Transvestiten vereinen und gemeinsame Sache machen. Wir alle sollten unsere ganze Kraft zusammennehmen und gemeinsam für die Akzeptanz in der Gesellschaft kämpfen. Leider ist oft das Gegenteil der Fall.

Heute bin ich 48 Jahre alt und lebe mit Sabina in einer erfüllten und glücklichen Partnerschaft. Meine Tochter Ronja hat mit meiner Lebensform kein Problem. Wir verstehen uns gut und sie besucht Sabina und mich oft an unseren Wohnorten in Worms und in der Schweiz. Ich genieße mein Leben und freue mich, dass ich durch meine Arbeit in der Stiftung vielen Menschen helfen kann, die noch nicht angekommen sind in ihrem selbstbestimmten Leben.

Danke Schicksal, danke Sabina, danke Welt!

Kim-Oliver Traumüller

Jahrgang 1971
1 Tochter

gelernter Zimmermann
Jahrelang als Logistikfachmann
europaweit unterwegs
seit 2019 endlich angekommen

Als Stiftungsmitglied der
SK WelcomeHome die Transgenderstiftung
verantworte ich das Backoffice der Stiftung.

Mein Lebensmotto:
„Leben und leben lassen."

TESSA GANSERER

Tessa Ganserer kommt als Mitglied des bayerischen Landtags eine Vorreiterrolle zu, wenn es um die gesellschaftliche Akzeptanz von trans* Menschen geht.

Sie beschreibt aus persönlicher Sicht und in der Nachschau, wie sie ihren Weg der Identitätsfindung erlebt hat und was ihr an der Optimierung gesetzlicher Rahmenbedingungen wichtig erscheint, um diesen Weg für andere zu erleichtern.

Das Statement einer starken Frau, die gelernt hat, mit Widerständen zu leben und sie für sich und stellvertretend für andere zu durchbrechen.

ICH BIN EINE FRAU – UND JETZT WISSEN ES ALLE!

Nach meinem Hauptschulabschluss, einer Ausbildung zur Forstwirtin und einem anschließendem Studium der Wald- und Forstwirtschaft bin ich seit 1998 bei den Grünen politisch aktiv. In der Öffentlichkeit bin ich inzwischen bekannt als erste trans* Person in einem deutschen Parlament.

Dass meine geschlechtliche Zuordnung bei meiner Geburt nicht richtig war, war in mir schon lange präsent. In meiner Kindheit und Jugend war ich allerdings weit davon entfernt, meine Weiblichkeit anerkennen zu können. Rückblickend kann ich mir mein damaliges geschlechtliches Erleben gut erklären. Ich habe lange mit mir selber gerungen, bis ich mir selbst mein Frau-Sein eingestehen konnte und ich mich so akzeptiert habe, wie ich bin. Lange habe ich mich nicht getraut, den nächsten Schritt, als Frau in die Öffentlichkeit zu gehen und auch in der Politik zu der Frau zu stehen, die ich nun einmal bin. All die Sorgen und Ängste, aber vor allem die Einsamkeit, mit niemanden darüber reden zu können, haben mich viel Energie gekostet, bis ich am Ende meiner Kräfte war. Letztendlich blieb mir nichts anderes übrig, als das bisschen Mut, den ich hatte, zusammenzunehmen und endlich als die Frau zu leben, die ich bin.

Mein Umfeld hat sehr verständnisvoll und mit Zustimmung reagiert. Das hat mir viel bedeutet! Auch innerhalb meiner Fraktion habe ich ausnahmslos Zustimmung erfahren. Auf Facebook und Twitter erlebe ich seit meinem Coming-out konstant Beleidigungen und Anfeindungen. Ich bin mir natürlich darüber bewusst, was mein öffentliches Coming-out bedeutet. Ich wünsche mir auch, dass ich mit meiner Person ein dauerhaftes Signal in Richtung Akzeptanz von sexueller und geschlechtlicher Vielfalt senden kann. Und zwar einerseits für diejenigen, die abseits der heteronormativen Ordnung stehen und andererseits an die Menschen, die dem eher ablehnend gegenüberstehen. Allerdings bringt mich all der Hass, der mir auf Twitter & Co entgegenschlägt, regelmäßig an meine persönlichen Grenzen. Ich werde vermutlich nie verstehen, warum manche Menschen so viel Zeit und Energie investieren, ihre Abneigung gegenüber Vielfalt kundzutun. Allerdings verfüge ich dabei über einen Hintergrund und ein Umfeld, das es mir sicher leichter ermöglicht, damit umzugehen. Wenn ich daran denke, wie es all den trans* Menschen geht, die nicht auf ein stabiles Netzwerk zurückgreifen können, die grundlegende Existenzfragen in ihrem Leben zu bearbeiten haben, dann besorgt mich das sehr – trans* zu sein ist echt nicht einfach. Aber ich will kein Mitleid, wir wollen kein Mitleid, wir wollen einfach unsere Menschenwürde behalten dürfen. Wir wollen die gleichen Rechte und würden uns wünschen, dass wir die nicht immer über den Rechtsweg einfordern müssen.

Aktuelle Situation für sexuelle und geschlechtliche Vielfalt

Die Lage für trans* Menschen im Besonderen ist speziellen, rechtlichen Regulierungen unterworfen. Dieses Verfahren ist entwürdigend, pathologisierend und stigmatisierend. Es kann einfach nicht sein, dass sogenannte Expert*innen darüber zu urteilen haben, welches Geschlecht ich habe. Hinter dieser Begutachtungsverpflichtung steht ja auch der Gedanke, Menschen vor einer vermeintlich ‚falschen' transgeschlechtlichen Zugehörigkeit zu ‚schützen'. Und da frage ich mich doch, glaubt wirklich jemand, dass man diesen Weg geht, wenn man nicht zweifelsfrei weiß, dass es so ist? Es ist ein sehr belastender, steiniger und komplizierter Weg, der durch diese Begutachtungspflicht erheblich schwieriger gemacht wird! Das TSG muss abgeschafft und durch ein Gesetz für eine selbstbestimmte Geschlechtsidentität ersetzt werden.

Ausgehend von wissenschaftlichen Erkenntnissen muss eindeutig festgestellt werden, dass die Gesellschaft noch kein stabiles Fundament für Akzeptanz von transgeschlechtlichen Menschen aufweist. Eine bundesweite Jugendstudie kam beispielsweise zu dem Ergebnis, dass 96 % der jungen trans* Menschen schon mal Diskriminierung aufgrund ihrer geschlechtlichen Zugehörigkeit erlebt haben *(Krell/Oldemeier 2015)*. Wenn ich meine persönlichen Erfahrungen anschaue, habe ich jedoch sehr viele, sehr positive Reaktionen erlebt. Aber auf der anderen Seite gibt es eben immer noch so viel Hass und Beleidigungen. Um es kurz zu machen, die Situation ist paradox – allerdings müssen transgeschlechtliche Menschen darunter leiden, dass die cisgeschlechtliche Ordnung immer noch nicht bereit ist, Vielfalt anzuerkennen und besser noch, wertzuschätzen! Das Bundesland, in dem ich Abgeordnete bin, ist das einzige Bundesland, das keinen Aktionsplan für sexuelle und geschlechtliche Vielfalt hat. Die Situation ist im Allgemeinen eindeutig unzureichend.

Es wird sich ja immer gern auf die vermeintliche ‚Natürlichkeit' der geschlechtlichen Zugehörigkeit berufen – ein Blick in die Geschichte und in andere Kulturen zeigt eindeutig, dass die starre Zweigeschlechtlichkeit nicht immer und überall so war und ist. Wenn aber etwas biologisch bedingt ist, dann ist das doch völlig unabhängig von Zeit und Kultur, es müsste also überall und schon immer so gewesen sein – ist es aber schlicht nicht! Dabei sollte und könnte gerade der Blick in die Natur deutlich machen, dass Homogenität (von Pflanzenarten, von Tierpopulationen usw.) ein Problem darstellt und vielmehr Heterogenität bedeutend für eine Weiterentwicklung ist! Das ist noch nicht wirklich angekommen in der Gesellschaft und von daher besteht deutlich weiterhin großer Handlungsbedarf für die Rechte von trans* Menschen.

Tessa Ganserer

Jahrgang 1977
verheiratet, 2 Kinder

Ihren beruflichen Werdegang hat Tessa Ganserer
als Försterin begonnen.
Seit 2013 ist sie Mitglied des Bayerischen Landtags.

„Ich will leben, wie ich leben will.
Und will lieben, wen ich lieben will.
Ich will Ich sein, anders kann ich nicht sein."
Ton Steine Scherben

www.tessa-ganserer.de

HANNI REINHARDT

Eine ehrliche und schonungslose Lebensgeschichte einer Chancendenkerin, der die flotten Sprüche gut über die Lippen kommen – trotz oder gerade wegen der beruflichen und privaten Rückschläge nach dem Outing.

Es zeigt, dass das Leben „DANACH" nicht unbedingt einfach ist, aber glücklich und zufrieden macht.

MIT RESPEKT UND HUMOR GEHT ALLES LEICHTER

Mein Name ist Hanni Reinhardt und ich bin eine attraktive Mittfünfzigerin. In meinem früheren Leben als Mann war ich in meinem Beruf als Vertriebsleiter sehr erfolgreich. Mit meiner lockeren Art – was kostet die Welt, bitte zweimal einpacken – und immer einen witzigen Spruch auf den Lippen, konnte ich sehr gut von mir und meiner inneren Zerrissenheit ablenken. Teure Garderobe, Essen in noblen Restaurants, ich habe das Leben in vollen Zügen genossen und tue dies auch heute noch, aber auf eine ganz andere Art.
Nach meinem Coming-Out verlor ich meinen gutbezahlten Job und wurde für einige Jahre zur Lebenskünstlerin, die sich die Freude an ihrem neuen und wahrhaftigen Leben niemals nehmen ließ. Die wahrhaft wichtigen Dinge im Leben kann man nicht mit Geld kaufen.

Mit meinem Outing habe ich gewartet, bis mein Sohn, den ich alleine großzog, mit der Schule fertig war. Ich wollte ihn schützen und vor unnötigen Schwierigkeiten während seiner Kindheit bewahren. Manche Kinder gehen mit dem Thema ganz locker um, aber andere können auch sehr grausam sein. Meist, nachdem sie mit ihren Eltern darüber gesprochen haben und diese dazu eine sehr altbackene und falsche Einstellung haben. Von meiner wahren Identität habe ich meinem Sohn schon sehr früh erzählt und für ihn war das auch überhaupt kein Problem. In langen, einfühlsamen Gesprächen habe ich ihn über die Situation informiert, wie es sich anfühlt, im falschen Geschlecht/Körper gefangen zu sein. Schon als Kind habe ich lieber mit den Schminksachen der Mutter gespielt als mit einem Fußball. Für die Generation meiner Eltern war das leider zu dieser Zeit noch ein großes Problem und wurde auf keinen Fall akzeptiert. Gott sei Dank hat sich dies geändert und ich habe zu meiner Mutter, die ich regelmäßig besuche, einen sehr offenen und herzlichen Kontakt. Mein Vater hingegen konnte leider bis zu seinem Tod mit der Situation nicht umgehen und ignorierte das „Problem" daher hartnäckig. Trost und Verständnis fand ich in meiner Kinderzeit bei einer mit den Eltern befreundeten Künstlerin. Bei Michelle Hänggi konnte ich mein wahres ICH erkunden und ausleben. Auch über die Kunst lernte ich mich zu entfalten. Mit 17 Jahren zog ich bei ihr ein und über 35 Jahre war diese Freundschaft ein Fels in der Brandung und hinterließ beim Tod der geliebten Freundin eine tiefe Leere. Den Rest der Familie und Verwandtschaft informierte ich über mein Coming-Out mit einem langen E-Mail über mein neues Leben und die damit verbundenen Veränderungen. Auch ein Foto mit meinem neuen Äußerem sandte ich mit, damit man mich bei der nächsten Familienfeier auch erkennen konnte.

Der Freundeskreis und die früheren Kollegen gingen ganz unterschiedlich mit meiner „Metamorphose" um. Einer meiner besten Freunde reagierte ganz und gar nicht überrascht und teilte mir mit, dass er mich nie als Mann gesehen habe, während andere sich voll Unverständnis abwandten.

Dass so ein großer Schritt nicht einfach ist, erklärt sich von selbst. Ich habe mich zuerst im Internet informiert und dann Hilfe in einer Selbsthilfegruppe geholt, wo ich mich mit anderen Betroffenen austauschen konnte und die nötigen Informationen zu Hormonen, chirurgischen Eingriffen usw. bekommen habe. Enttäuscht bin ich über die meisten Gruppen auf Facebook. Dort herrscht eine unglaublich negative Stimmung, die nicht zu meinem Leben passt. Vor allem junge Transgender sehen sich und andere meist viel zu kritisch und mäkeln wie eine Diva über das kleinste falsch sitzende Haar.

2014 lernte ich meine jetzige Partnerin/Ehefrau kennen. Sie hat einen ähnlichen transgender* Hintergrund, doch im Gegensatz zu mir hatte ihr Coming-Out beruflich keine Nachteile für sie. Ganz im Gegenteil, die Kollegen stehen fest zu ihr als Betriebselektrikerin und der Chef schenkte ihr eine rosa Werkzeugkiste, auf die sie besonders stolz ist. Auch ihre zwei Kinder hatten mit der Veränderung keine Probleme und pflegen, wie auch mein Sohn, ein sehr herzliches Verhältnis zu uns. Wie in jeder Familie hörst du nur von den Kindern an Geburtstagen, Feiertagen und wenn sie was brauchen.

2015 wagten wir beide den großen Schritt zur chirurgischen Anpassung. Mit diesem Schritt änderten sich auch die bis dahin vorhandenen Probleme bei der Beschaffung von Hormonen. In der ersten Zeit musste ich mir diese im Ausland besorgen, denn in der Schweiz ist für eine geregelte Beschaffung ein psychologisches Gutachten Pflicht, und das wollte ich nicht. Leider hat dann irgendwann der Zoll eines meiner Päckchen geöffnet und ich musste einen anderen Weg finden. Ein verständnisvoller Apotheker half mir dabei und ich konnte die Zeit bis zur OP mit den nötigen Medikamenten überbrücken. Seit der OP fühle ich mich sichtlich wohl in meinem Körper und mit meiner fraulichen Identität. Die Hormone bekomme ich jetzt auf Rezept und mit dem jährlichen Gesundheitscheck bin ich auch zufrieden.

Zusammen mit meiner Ehefrau lebe ich seit 2016 in dem kleinen beschaulichen Ort Strengelbach im Kanton Aargau. Wir sind beide in die Ortsgemeinschaft sehr gut integriert und fühlen uns dort sehr wohl. Geredet wird natürlich immer. Heute über uns, morgen über jemand anderen. Worauf es uns wirklich ankommt, ist der respektvolle Umgang miteinander. Ob im Alltag oder im Verein, es ist mir egal, ob man mich als Frau oder Mann sieht, wenn man mir nur respektvoll begegnet. Mit diesen „Berufstransen", die sich immer wegen allem so wichtig machen und immer jedes Wort auf die Goldwaage legen, habe ich so meine Probleme. Wenn wir uns hier im Dorf so wichtig machen würden, wäre das Verhältnis sicher nicht so gut und niemand käme in meine kleine Werkstatt für Mofas und Motorräder.

Hanni Reinhardt

Am 31. August 1964 bin ich als erstes Kind geboren.
Danach kamen 1969 und 1979 noch meine
beiden Brüder zur Welt.

Wir sind in einem patriarchischen Familienbetrieb aufgewachsen.
Mein Vater führte eine Autowerkstatt in dritter Generation.
Nach 10 Jahren Schulzeit und einer Ausbildung wurde ich 1988
Vater meines einzigen Kindes, Samuel.

Heute lebe ich in einer eingetragenen Partnerschaft (in der Schweiz
dürfen gleichgeschlechtliche Paare nicht heiraten).
Meine Frau hat auch eine transidente Vergangenheit und
denselben Jahrgang wie ich.

Heute bin ich Hausfrau und betreibe als Hobby eine
Zweiradwerkstatt. Hauptsächlich restauriere und repariere ich
Oldtimer-Mofas.

Mein Lebensmotto ist:
„Lache in die Welt und die Welt lacht zurück."

JULIA MONRO

Die Lebens- und Leidensgeschichte von Julia Monro gibt einen tiefen Einblick in die Fühl- und Denkwelt von trans* Menschen. Das macht Mut für alle, die sich noch nicht geoutet haben.
Vor allem Julias Engagement für trans* Kinder ist ein wichtiger Beitrag, der es Eltern von trans* Kindern erleichtert, zu verstehen.

JULIA MONRO
EINE STARKE KÄMPFERIN
FÜR TRANS* PERSONEN UND
TRANS* KINDER

Als Kind russlanddeutscher „Heimkehrer" wurde ich 1981 in Deutschland geboren. Meine Kindheit war sehr behütet und ich wurde nach den christlichen Werten der freien evangelischen Kirche erzogen. Dass die Religion, Glaube und Nächstenliebe in dieser Gemeinschaft allerdings ihre Grenzen haben, musste ich leidvoll 2016 nach meinem nicht selbstbestimmten Coming-Out erfahren. Fast mein gesamtes soziales Umfeld von Familie, Freunden und Kirchengemeinde wendeten sich von mir ab und ich geriet in eine Abwärtsspirale, die mich nicht nur an den Rand der Gesellschaft drängte, sondern auch meine Existenz gefährdete. Ich wurde arbeitslos und bekam keinen neuen Job mehr. Die Arbeitsagentur konnte mich nicht mehr vermitteln und forderte mich auf Frührente zu beantragen. Das Amtsgericht leitete eine gesundheitliche Überprüfung ein ob ich einen gesetzlichen Betreuer benötige. Alles nur weil man davon ausging, dass meine Transsexualität eine psychische Erkrankung sei und ich musste permanent den Gegenbeweis erbringen, dass ich völlig gesund bin.

So führte ich nach meinem nicht selbstbestimmten Coming Out mit 35 Jahren zwei Jahre lang einen Überlebenskampf, der auch meine Weltanschauung neu sortierte.
Zuvor lebte ich meine Weiblichkeit immer nur heimlich in den eigenen vier Wänden oder weit weg von zu Hause in einem geschützten Rahmen. Mit anderen, denen es ebenso erging wie mir. Partnerschaften gestalteten sich schwierig. Zu Hause war es ok, aber nach außen

musste ich mich zwingen eine Rolle zu erfüllen, um beispielsweise meiner Partnerin keine Unannehmlichkeiten zu bereiten. Ein Ventil fand ich im Modeln. Mit meiner schlanken, 1,92 m großen Figur erntete ich viel Anerkennung und sehr positive Reaktionen, was natürlich auch mein Selbstbewusstsein stärkte. Eine neue Partnerschaft unterstützte mich sogar dabei und wir suchten nach Formen der Verwirklichung z.B. im Theater. Diese Beziehung wurde aber immer schwieriger, bis ich mich schließlich trennte.

Im Anschluss wurde meine größte Angst zur Realität. Es wurde bekannt, dass ich „anders" bin und es wurde als gefährliche Erkrankung dargestellt, so dass ich nicht nur Beleidigungen, sondern auch Bedrohungen erfahren musste. Die Situation eskalierte völlig und es kam schließlich zu einem Gerichtsverfahren. Auch hier wurde mit ziemlich perfiden Methoden gegen mich gearbeitet, dass ich eine psychische Erkrankung habe, die gefährlich sei, usw... Ich war gezwungen mich zu erklären und für mich ist klar: Ohne die rechtliche Auseinandersetzung wäre meine Transidentität zu dieser Zeit nicht öffentlich geworden. So ein Zwangsouting ist genau das Gegenteil zu dem innigsten Wunsch nach einem selbstbestimmten Leben. Diese Selbstbestimmung für die eigene Geschlechtszuordnung, aber auch für den Zeitpunkt, an dem man beschließt, sich zu outen ist das zentrale Thema von trans* Personen. Ich wollte damals behutsam vorgehen, vor allem weil ich meinen Eltern in ihrer christlichen Kirchengemeinde keine Unannehmlichkeiten bereiten wollte.

Dass mir diese Möglichkeit für ein selbstbestimmtes Coming Out genommen wurde, aber auch die daraus entstandenen Verluste, das alles hat mir den Boden unter den Füßen weggerissen. Ich hatte zu niemandem mehr Vertrauen und entwickelte eine soziale Phobie. Es begann ein Kampf um Moral und ums (Über-)Leben.

Dazu kamen dann noch die sogenannten institutionellen Diskriminierungen, d.h. es kam eine Nicht-Anerkennung bei Behörden oder

Arbeitgebern, etc. auf mich zu. So hatte ich zum Beispiel von einem Arbeitgeber eine Absage erhalten, weil ich als „dienstuntauglich" eingestuft werde. Ich könne mich erst bewerben, wenn die Transition abgeschlossen ist. Wenn man aber ein Leben lang auf Hormone angewiesen ist, dann ist diese Transition niemals abgeschlossen. Damit hat man also von vornherein keine Chance auf diesen Job. Auch das Arbeitsamt konnte mich nicht vermitteln und hat mich aufgefordert Frührente zu beantragen. In Deutschland sind 21% aller trans* Personen von Arbeitslosigkeit betroffen. Oft ist es den Arbeitgebern zu peinlich gegenüber den Kunden oder sie wissen, dass die Person mitten im Transitionsprozess steckt, wodurch viele Fehlzeiten wegen geschlechtsangleichender Maßnahmen vorprogrammiert sind und sie wollen nicht in eine Arbeitskraft investieren, die ständig krankheitsbedingt fehlen wird. Ohne Job fehlt das Geld. Ohne Geld kann die Transition nicht durchgeführt werden, weil oft ein zermürbender Rechtsstreit mit den Krankenkassen ansteht. Die Kosten für den Rechtsbeistand oder eine selbstbezahlte Operation kann man sich nicht leisten. Ohne abgeschlossene Transition kriegt man aber wiederum keinen Job. Man befindet sich in einem Teufelskreis. Zum ersten Mal in meinem Leben musste ich eine Tafel aufsuchen, damit ich etwas zu Essen bekomme. Man fühlt sich nicht nur hilflos, sondern auch wertlos und erniedrigt.

Ein anderer Zufluchtsort wäre die Kirche gewesen, doch auch dort wurde ich zurückgewiesen. Man bot mir Therapien an, weil mein neu gewählter Lebensstil „Sünde" ist. Ich wurde zur „Aussätzigen", vor der man Kinder schützen muss. Ich würde Gottes Schöpfung in Frage stellen und mein Glaube sei zu schwach. Dieses Konzept sich selbst in Frage stellen zu müssen, das funktioniert leider viel zu gut. Selbstzweifel machen sich breit. Wenn so viele Menschen anderer Meinung sind, dann muss an mir selbst ja etwas falsch sein. Schließlich wurde ich als Mitglied der Gemeinde verbannt mit der Begründung, dass die seelsorgerlichen Probleme zu weit fortgeschritten waren. In Abwesenheit, ohne dass ich mich dazu selber äußern konnte. Ich war verzweifelt. Meine Glaubensgrundsätze musste ich neu überdenken.

Es gab dann Anrufe und Textnachrichten ich müsse Buße tun. Man liebt mich zwar als Mensch, aber akzeptiert meinen Lebensstil nicht mehr, so dass man getrennte Wege gehen muss. Das baut einen enormen psychischen Druck auf und die Last ist kaum zu ertragen. Ich musste feststellen, dass Nächstenliebe völlig unterschiedlich ausgelegt wird. Auch durch mein Wissen über die hebräische und griechische Sprache, so dass ich die Bibel erstmals im Original lesen und begreifen konnte, halfen mir bei meinen Argumentationen und dem Versuch, meine früheren Kirchenmitglieder zu überzeugen, wenig. Heute weiß ich, der Einzige, auf den ich mich verlassen kann, ist Gott. Da werde ich nicht nach Rasse oder Geschlecht beurteilt, sondern als glaubender Mensch angesehen. Alles andere ist menschengemachte Auslegung, die leider in jeder Ecke der Erde individuell interpretiert wird, so dass es Menschen separiert anstatt sie zu einen. Aber wenn man auf diesen Fixpunkt namens Gott im Leben vertraut, ohne sich von Menschen vereinnahmen oder verurteilen zu lassen, dann entwickelt man etwas das man im Christentum Heilsgewissheit nennt. Das gibt dir Kraft und es erhöht deine Resilienz enorm.
Auch Bedrohungen und Beleidigungen musste ich erfahren. „Ich mach dich kalt du Hure" musste ich mir anhören. Meine Autoreifen wurden aufgeschlitzt. Nachts hat man mich mit Klingeln aus dem Schlaf gerissen und mich terrorisiert. Nachdem ich mich mit Überwachungskameras schützen wollte und zur Polizei ging, drohte sie mir mit Strafanzeige, weil ich mit der Kamera Persönlichkeitsrechte verletzen würde. Ich habe die Welt nicht mehr verstanden. Nicht einmal die Staatsgewalt war in der Lage mich zu schützen. So blieb mir nichts anderes übrig als mein Schicksal selbst in die Hand zu nehmen.

Heute kümmere ich mich um die Öffentlichkeitsarbeit der Deutschen Gesellschaft für Transidentität und Intersexualität und bin Vorstandsmitglied im Bundesverband Trans*. Als Referentin sorge ich für Aufklärung in wirtschaftlichen Unternehmen (z.B. Allianz), an Schulen in Rheinland-Pfalz und als Dozentin am pädagogischen Landesinstitut für Lehrerfortbildung. Mittlerweile stehe ich sogar in direktem Kontakt mit der Bundesregierung und bin an unterschiedlichen Gesetzgebungsverfahren beteiligt.

Die Arbeit für und mit trans* Kindern und Jugendlichen ist mir dabei besonders wichtig. Dazu gehört auch, den Eltern dieser Kinder zu helfen und die schwierige Situation begreiflich zu machen. Der Beratungsbedarf ist groß, aber die Versorgung ist schlecht. Hierzu habe ich das Projekt Transkids.de gegründet, wo ich transidenten Kindern und Jugendlichen sowohl mit Beratung als auch mit Freizeitangeboten einen Ausgleich zur multiplen Belastungssituation schaffe, um ihnen das zu ersparen, was ich selber durchleben musste.

Außerdem möchte ich den Jugendlichen schöne Erlebnisse ermöglichen. So verbrachten wir beispielsweise ein Wochenende auf einem Reiterhof, besuchten einen Kletterpark und filmen dabei unsere Aktivitäten und die Gespräche. Daraus entstehen Filme, die das Medienprojekt Wuppertal veröffentlicht und die heute an einigen Schulen als Lehrmaterial zur Verfügung stehen.

In meinem politischen Engagement versuche ich die rechtliche Stellung zu verbessern. Die stigmatisierende Begutachtungspflicht im fast 40 Jahre alten Transsexuellengesetz muss dringend abgeschafft werden. Es basiert auf der Annahme, dass Transsexualität eine psychische Störung ist, so mussten damals noch die Ehegatten in den Prozess involviert werden und man war gezwungen sich dauerhaft fortpflanzungsfähig zwangsoperieren zu lassen. Diese Regelungen sind glücklicherweise nach langem Kampf abgeschafft worden. Auch ist Transsexualität laut der WHO keine psychische Störung. Das Gesetz ist völlig veraltet und verfassungswidrig. Wir brauchen ein Gesetz, das die Selbstbestimmung ohne eine Bevormundung in den Fokus setzt. Andere EU-Länder, allen voran Malta, sind der Entscheidung des Europaparlaments längst gefolgt und somit in der Menschenrechtsfrage wesentlich weiter als Deutschland. In einer Stellungnahme des Bundesverband Trans* heißt es: „Wie aus dem Urteil des Bundesverfassungsgerichts klar hervorgeht, bezieht sich die Eintragung des Personenstandsregisters auf die Geschlechtsidentität eines Menschen, und die ist nicht allein durch körperliche Merkmale zu bestimmen." Die medizinische Deutungsmacht ist für personenstandsrechtliche Angelegenheiten völlig irrelevant.

Ich bin Gott dankbar die schwerste Zeit meines Lebens überwunden zu haben und auch wenn die Nachwirkungen noch immer spürbar sind, freue ich mich über den Zugewinn endlich frei leben zu können. Frei von Schubladendenken, frei von den Zwängen unserer Gesellschaft und ich darf dieses neue Lebensgefühl nun an andere weitergeben.

Für mich ist es wie ein missionarischer Auftrag die Lebenssituation von trans* Personen, insbesondere der nachfolgenden Generation, nachhaltig zu verbessern. Das betrachte ich als meinen Beitrag für ein gutes Miteinander auf diesem Planeten.

Julia Monro

Jahrgang 1981

IT-Softwareentwicklung
Zusätzlich Laborausbildung und
Studium der Theologie

Arbeit mit trans* Kindern und Schulworkshops

Mein Lebensmotto:
„Gott gib mir die Gelassenheit Dinge
hinzunehmen, die ich nicht ändern kann,
den Mut Dinge zu ändern, die ich ändern kann
und die Weisheit, das eine vom anderen
zu unterscheiden."
Reinhold Niebuhr

www.transkids.de

JULANA

Ein Mädchen findet sich selbst und outet sich.
ENDLICH.
Das Wichtigste für Julana in diesem Augenblick
war die uneingeschränkte Unterstützung ihrer Familie.

Julana Gleisenberg

ENDLICH BIN ICH FREI UND KANN SO SEIN, WIE ICH BIN

Hallo, ich bin Julana, neun Jahre alt und ein transgender* Mädchen. Meine Hobbys: Ich bin gerne Pfadfinderin, spiele Gitarre und Tennis, auch zocke ich ganz gerne mal, wenn meine Eltern es erlauben.

Ich war neun Jahre in einer Welt gefangen, die für mich nicht gut war. Bis ich eines Abends einen Bericht im Fernseher sah von einem Mädchen, das gesagt hat, sie sei jetzt ein Junge.
Das hat in meinem Herzen etwas bewegt. Endlich wusste ich, was bei mir nicht passt, ich war kein Junge! NEIN! Ich bin ein Mädchen und das sagt mir mein Herz.

Noch in derselben Minute, in der ich das begriffen habe, habe ich es meinem Papa gesagt, der sich diesen Bericht ansah. Mein Papa war im ersten Moment etwas verwirrt, dann sagte er zu mir:
„Wenn du dich so fühlst, dann bist du ab sofort ein Mädchen. Aber wir müssen mit Mama darüber reden und wir müssen besprechen, wie wir das den anderen Menschen sagen, da es nicht alle verstehen werden."

Wir haben dann noch den ganzen Abend miteinander gesprochen, und ich habe eigentlich das Versprechen gegeben, dass ich es erstmal niemanden außerhalb unserer Familie erzählen werde.
Doch am nächsten Tag in der Schule konnte ich nicht mehr anders, als allen meinen Klassenkameraden mitzuteilen, wer ich wirklich bin. Von da an ging es Schlag auf Schlag. Aber es war nicht immer einfach. Teilweise war ich sehr traurig, weil mich viele Leute unter Druck gesetzt haben, mir einreden wollten, dass ich mir das nur einbilde – Gott sei Dank hält meine Familie zu mir.

Meine Eltern halfen mir, gingen mit mir zum Kinderarzt, um alle Schritte einzuleiten, damit ich über eine längere Zeit hinweg nach der Gesetzgebung auch rechtlich ein Mädchen sein kann.
Ja, und dann kam der besondere Sonntagvormittag, an dem ich mit Sabina Kocherhans telefoniert habe. Sabina hat unserer Familie von ihrem Projekt berichtet, der SK WelcomeHome die Transgenderstiftung. Da war für mich eines klar: Ich möchte allen Menschen und vor allem den Kindern sagen, dass sie sich nicht verstecken müssen, sondern auf ihr Herz hören sollen. Traut euch, euch zu outen!
Ich, Julana als Kinderbotschafterin, und Sabina Kocherhans werden euch mit dieser Stiftung dabei unterstützen.

Mama Gleisenberg erkennt Julanas befreite Mädchenseele

Als Mama von Julana ist es mir schon immer wichtig gewesen, dass mein Kind glücklich ist. In ihren ersten neun Lebensjahren gab es zwar auch viele fröhliche und glückliche Momente, doch oft war sie traurig, in sich gekehrt, hat sich abgekapselt – so, als ob sie nicht wirklich am Leben teilnehmen würde. Seit sie sich selbst gefunden hat und ihre Mädchenseele befreit ist, ist Julana wirklich ein glückliches Kind. Damit ist für mich alles richtig, auch wenn ich ein wenig um den Sohn getrauert habe, der sich mit Julanas Coming-Out von uns verabschiedet hat. Meinem Kind, meiner Tochter geht es gut, das ist, was zählt. Lebe dein Leben, meine Julana! Sei frei und leuchte!

Julanas Bruder Justin erzählt

Ich bin Justin, zwölf Jahre alt und der Bruder von Julana. Für mich war es ein außergewöhnliches und auch ein verwirrendes Erlebnis, als sich meine Schwester, beziehungsweise damals noch mein Bruder, geoutet hat.
Anfänglich war es für mich wichtig, dass meine „neue" Schwester Julana glücklich ist mit dem, was sie macht, wie sie fühlt. Heute bin ich froh, dass du Julana dich geoutet hast.

Weil du seitdem ein viel glücklicherer Mensch bist, und ich mit dir ganz besondere Sachen erleben darf!

Was ich daraus gelernt habe?
Es ist egal, ob ein Mensch transgender, bi-, intersexuell, schwul oder lesbisch ist – akzeptiert diese Menschen, so wie sie sind und wie sie sich fühlen! Denn nur so können wir ALLE glücklich miteinander leben.

Ich bin JC – der Papa

Für mich war es eine nicht so große Überraschung, als Julana sich im Januar outete. Ich hatte schon immer den leisen Verdacht, dass du, meine Julana, ein nicht nach der Norm lebender Mensch bist! Sondern etwas ganz Besonderes!
Dass du ein transgender* Kind bist, ein Mädchen in deinem Herzen lebt, das war für mich im ersten Moment trotz alledem unerwartet.
Doch nun versuche ich meiner Tochter alle Steine aus dem Weg zu räumen, die unser Gesetzgeber und manch andere Menschen ihr und uns in den Weg legen.

DENN:
Auch aus Steinen, die dir in den Weg gelegt werden,
kann man etwas Schönes bauen.
Danke, meine Tochter, dass es dich gibt!

RATGEBER

Mit diesem Impulsratgeber geben wir einen ersten Einblick in das Thema Transgender aus ärztlicher und psychologischer Sicht.

PETRA WEITZEL

Petra Weitzel gibt einen tiefen Eindruck in die Lebenswelt von trans* Menschen. Damit leistet sie einen großen Beitrag zum Verständnis. Zum einen können Betroffene sich selbst erkennen und erhalten dadurch wertvolle Impulse, wie die nächsten Schritte zum eigenen ICH aussehen könnten. Alle anderen Leser*innen werden durch diesen Text verstehen, wie ein trans* Mensch sein Geschlecht erlebt. Das ist eine wichtige Voraussetzung zu einem gegenseitigen Verständnis und vor allem zur Integration des Themas in die Gesellschaft und in der Folge zum Normalitätsprinzip.

Ergänzt werden die Ausführungen der Autorin um wertvolle Tipps rund um Recht und Medizin.

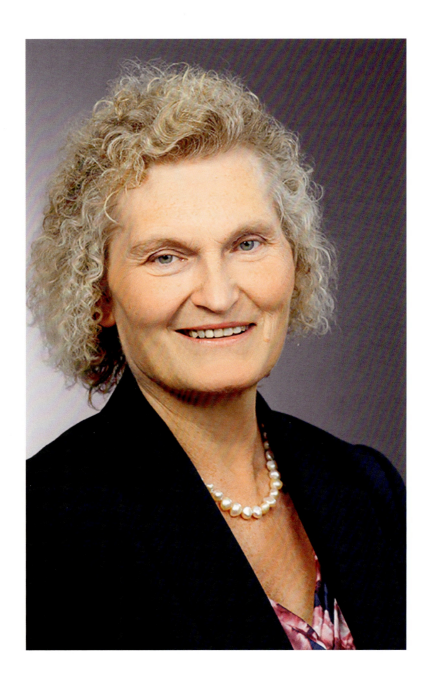

Petra Weitzel

TRANS* UND BERATUNG

Dieser Beitrag richtet sich an Eltern und Angehörige transidenter, transsexueller, transgender (kurz: trans*) Kinder und Jugendlicher und soll sie ermuntern, ihnen beim Coming-out, dem Freilassen des eigentlichen Ichs, Raum zu lassen und sie nach Kräften zu unterstützen. Trans*, das ist Mensch, wenn man sich einem anderen als dem einem bei der Geburt zugeordneten rechtlichen Geschlecht zugehörig weiß. Zuallererst sind wir jedoch Frauen, Männer oder nichtbinäre Personen, und nur dann, wenn es wirklich eine Rolle spielt, stellen wir die Eigenschaft trans* voran. Wir fühlen es nicht nur, wir sind, was wir sagen. Es ist nach menschlichem Ermessen angeboren. Wir können also nicht von Frau zum Mann werden, oder von Mann zur Frau, oder zu nicht-binär, also wenn männlich oder weiblich nicht zutreffen. Wir sind es von Anfang an, es ist nur noch nicht zu sehen, aber wir erleben es so.

Sie können sich das nicht vorstellen? Denken Sie mal an alte Menschen. Solange man sich mit 70 nicht im Spiegel sieht und nichts weh tut, ist es nicht anders, als wenn man zwanzig ist und man möchte alles tun, was man vor fünfzig Jahren auch getan hat.
Lachen und tanzen möchte man immer noch, nur die lieben Mitmenschen behandeln einen eben wie eine*n Senior*in. Die Wahrnehmung der anderen stimmt mit dem inneren Ich nicht überein. Sie sehen nicht, was im Kopf steckt, sie urteilen nach dem äußeren Schein.

So beharren z.B. Menschen, die ihre Religion sehr ernst und wörtlich nehmen, beim Geschlecht seltsamerweise genau auf diesen einen Punkt: Dem Anschein, dass, was man bei der Geburt zwischen den Beinen gesehen hat. Gott, Allah… hätten nichts anderes als Männer oder Frauen vorgesehen. Wer genau hinschaut, wird in den gleichen Religionsbüchern zumindest einen Beleg für das Gegenteil finden.

Der erste in der Bibel beschriebene Mensch, Adam, war nur das, ein Mensch, männlich und weiblich, und nicht etwa ein Mann. War da nicht was, dass der Mensch nur mit dem Herzen gut sieht *(Antoine Saint-Exupéry)* oder dass eigentlich das Innere zählt, das nach christlicher Betrachtungsweise nur Gott im Herzen sehen kann?
Wäre es somit nicht nur aus humanistischer, sondern auch aus religiöser Sicht begründet, über den äußeren Anschein hinweg zu sehen?

Auf jeden Fall wird dieses Geschlecht nach Augenschein mit der Geburtsurkunde zum rechtlich zementierten Personenstand und ist nichts als eine Zuordnung nach statistischer Wahrscheinlichkeit. Für die meisten Menschen ist das auch völlig in Ordnung so. Nur, wenn es welche gibt, bei denen es nicht zutrifft, warum sollte das ein Problem für die Mehrheit einer demokratischen Gesellschaft sein? Einzelnen menschenrechtlich und demokratisch legitimierte Rechte zuzusprechen, bedeutet doch nicht, gängige schon bestehende Rechte zu beschneiden oder gar auszusetzen!
Es wird häufig vom biologischen Geschlecht gesprochen, aber was ist das eigentlich? Wodurch wird das bestimmt? Chromosomen est omen, die Chromosomen zeigen es an, wie pubertierende Latein-Erstklässler gerne nachplappern. Oder steckt doch mehr dahinter?

In der Wissenschaft geht man von mindestens vier Dimensionen aus, die das Geschlecht bestimmen: biologisches Geschlecht, geschlechtlicher Ausdruck, soziales Geschlecht, erlebtes Geschlecht. Wieso bekommt dann im (rechtlichen) Alltag der biologische Teil die „Mehrheitsrechte?"

Unstrittig ist: Bis zum Ende des dritten Schwangerschaftsmonats sehen wir alle gleich aus und aus diesem Fötus kann alles werden. Biologisch männlich, biologisch weiblich, biologisch intersexuell, jedes Ergebnis ist biologisch. Da haben wir auch schon den ersten Anhaltspunkt, dass es „ab Werk", also bei der Geburt schon etwas mehr gibt als nur entweder xx oder xy, weiblich oder männlich. Das liegt daran, dass es bei den X und Y und anderen Chromosomen, z.B. Aromatase, Variationen gibt, die am Ende der Schwangerschaft bei etwa 0,2% *(Bundesverfassungsgericht 1 BvR 2019/16 Beschluss zur dritten Option)* der Menschen in Deutschland zu körperlichen Eigenschaften führen, die nicht eindeutig männlich oder weiblich sind, oder sich später bei Beginn der Pubertät zeigen. Einer der Gründe, warum man davon wenig erfährt, ist, dass viele intersexuelle Menschen schon kurz nach der Geburt, ohne gefragt werden zu können, „vereindeutigt", man kann auch sagen verstümmelt werden. Dabei werden ungefragt Keimdrüsen entfernt und ein Penis, der den Chirurg*innen nicht groß genug ist oder die Harnröhre, die sich nicht an der richtigen Stelle befindet, schon mal in eine Vagina umgeformt. Da das betroffene Kleinkind dazu noch nichts sagen kann, kann diese Zwangszuweisung zu einer geschlechtlichen Nichtübereinstimmung führen. Narben, die nicht mitwachsen können, machen weitere Operationen nötig. Erst im Jugendalter kommen sie dahinter, was Menschen mit und ohne Hintergedanken mit ihnen angestellt haben. Mit Absicht oder aus Unwissenheit?

Das Gehirn eines Menschen wird im Unterschied zum Rest des Körpers erst im letzten Schwangerschaftsdrittel durch die körpereigenen Hormone beeinflusst und verändert. Daraus ergeben sich bedeutende Unterschiede in der Struktur des Gehirns, die letzten Endes vom Vorhandensein und von der Wirksamkeit von Hormonen abhängen. Das ist eine mögliche Erklärung für eine geschlechtliche Nichtübereinstimmung. Dieser Vermutung sind Wissenschaftler verschiedenster Disziplinen in den letzten 20 Jahren nachgegangen und konnten immer wieder eine Verbindung zwischen dem Aufbau des Gehirns und der erlebten geschlechtlichen Inkongruenz herstellen. Zweifel bleiben nur deshalb, weil die Zahl der untersuchten Personen entsprechend der kleinen Bevölkerungsgruppe ebenfalls gering ist und diese Unterschiede in der Gehirnstruktur kein entweder oder, sondern ein statistischer Durchschnitt sind. Man kann niemanden in ein MRT-Gerät legen und 100 % zweifelsfrei feststellen, diese Person ist dies, das oder jenes, es gibt nur eine gewisse Wahrscheinlichkeit. Dazu sind die Abweichungen schon unter nicht trans* Personen zu groß. Solch ein Test kann daher immer nur ein Anhaltspunkt sein und wäre aus ethischer Sicht fragwürdig.

Warum muss das überhaupt sein, einem Menschen, der nach der aktualisierten Einstufung der Weltgesundheitsorganisation WHO psychisch gesund ist, den Verstand abzusprechen und die Aussage: „Ich habe tatsächlich ein anderes Geschlecht, als in meiner Geburtsurkunde steht." in Frage zu stellen? Wer sich entschließt, diese öffentliche Aussage zu treffen, hat bereits einen langen Weg aus Selbstzweifel und reifender Selbsterkenntnis hinter sich. Was für das Umfeld „plötzlich" erscheint, ist die Entlastung aus einem lange aufgestauten, inneren Prozess.

Ob der in der Schwangerschaft gebildete Körper in seiner Ausprägung mit dem Wissen um das eigene Geschlecht kongruent ist, also übereinstimmt, das kann man erst wissen, wenn das Kind sprechen kann. Die Frage: „Was ist es denn?" an die steuernde Person eines Kinderwagens gerichtet, muss daher folgerichtig mit: „Es hat es uns noch nicht gesagt" beantwortet werden.

Mein Weg zur Trans*Beratung

Im Oktober 1985, mit Mitte zwanzig, dachte ich, ok, jetzt war's das mit dem Thema Transsexualität.

Neuer Ausweis, neue Geburtsurkunde, und wie seit 1981 üblich, doppelt psychiatrisch geprüft. Ich hatte das im sogenannten Transsexuellengesetz vorgeschriebene Verfahren durchlaufen und den Geschlechts-TÜV, so wie man das auch nennen kann, bestanden.

Bis dahin war der Weg jedoch mit Steinen gepflastert, von denen es heute einige mehr, aber andere auch nicht mehr gibt.

Jedenfalls schien das damals alles als Vergangenheit, schließlich hatte ich es amtlich, Frau zu sein und hätte unverbesserlichen Mitmenschen meinen Personalausweis vor die Nase halten können, wenn sie Zweifel an meinem Geschlecht gehabt hätten. 99 % der Zeit ging das ja scheinbar auch gut. Misgendern, also mit dem falschen Pronomen oder der falschen Anrede angesprochen werden, kam nur selten vor, und dass sich Menschen nach einem umdrehen, kann die unterschiedlichsten Gründe haben. Das habe ich gelernt, als ich zu meiner Körpergröße passend mit dem Klub Langer Menschen e.V. unterwegs war. Da gab es Frauen, die garantiert nicht trans* und doch größer als ich waren. Da wurde auch hinterher geguckt. Also was soll's, es geht gar nicht um trans*, ein Gedanke, der meistens sehr hilfreich sein kann.

Wenn nichts passiert, sind die Leute, die einem begegnen, nur höflich oder ist das Passing, das Durchgehen im eigentlichen Geschlecht, gut genug? Wer kann das wissen?
Was passiert, wenn ich ausnehmend unhöflichen oder gar hasserfüllten, gewaltbereiten Menschen begegnen würde?

Diese Fragen tauchten auch nach der Honeymoonphase, diesem ersten intensiven Glücksgefühl nach Abschluss mehrerer Operationen und der Namensänderung immer wieder mal auf. Der Umgang damit verlief jedoch zunehmend selbstbewusster. Bis man da das durchschnittliche Maß erreicht hat, kann es sehr lange dauern, Jahre oder auch Jahrzehnte. Auf jeden Fall ist es individuell sehr verschieden und transidente Menschen können durchaus mehr Selbstvertrauen gebrauchen als andere.

Mit der Zeit – inzwischen waren 24 Jahre vergangen – erinnerte mich eigentlich nur noch der Gang zum Arzt für das nächste Hormonrezept daran, dass alles einmal anders war. Ausgerechnet dieses Hormonrezept war es aber, das mich in dieser Zeit auf den Boden der Tatsachen zurückholte. Wieder einmal war ein bewährtes Medikament vom Markt verschwunden und ich fing an zu recherchieren. Ich fand heraus, dass es tatsächlich eine Selbsthilfegruppe in meiner Heimatstadt gibt. Als ich auf diese Menschen traf, hatte sich das Hormonproblem schon erledigt, aber, neugierig geworden, wollte ich doch wissen, wie es damals (2009) so lief mit dem Coming-out und der Transition, dem Übergang, und begab mich nach langer Zeit wieder unter meinesgleichen.

Die Lebensläufe, die Widerstände bei Ämtern, Behörden, Krankenkassen und dem MDK sowie bei Schulen und Hochschulen schockierten mich. Hatte ich doch die Bürokratie bis dahin als geringeres Problem angesehen, das ich selbst während meines Studiums weitestgehend nebenbei erledigt hatte.

Hatte ich einfach nur Glück? Oder hatte ich mit den zur Verfügung stehenden Informationsquellen das damals bestmögliche Ergebnis herausgeholt? Jedenfalls wurde ich kurze Zeit später angesprochen, ob ich nicht Lust hätte, dem Beratungsteam der Begegnungsstätte beizutreten, in dem sich diese Selbsthilfegruppe immer noch trifft.

Ist Frau dann schon eine gute Beraterin, nur weil sie selbst trans* ist? Jein. Wenn man auf jemand trifft, der ähnliche Voraussetzungen, Herkunft, Alter und ähnliche Herausforderungen hat, ja, sonst nein. Es gibt einen wahren Schatz an guten Wissen und Methoden, die man in einer guten Beratung als „Handwerkszeug" nutzen kann und es braucht viel Erfahrung, dieses Wissen so einzusetzen, dass Menschen, die mit Fragen kommen, auch die Unterstützung bekommen, die sie in diesem Moment benötigen. Wissen, das man alleine durch Erfahrungsammeln erst in Jahren erwerben kann. Bis dahin wird man gelegentlich verleitet, zu beratende Menschen an der eigenen Biographie, statt an der der Beratungssuchenden entlang zu beraten oder man arbeitet noch an der Lernkurve in Sachen Sozialrecht und Medizin.

Auf der Suche nach Fachwissen stieß ich auf die Deutsche Gesellschaft für Transidentität und Intersexualität dgti e.v., die sich als Nachfolger des Selbsthilfevereins Transidentitas e.v. in Frankfurt herausstellte, der mir in den 1980er Jahren viele nützliche Informationen geben konnte. Mit der dgti war es meinen Unterstützer*innen und mir dann Ende 2015 möglich, ein Ausbildungskonzept für Peer-Trans*Beratende zu entwickeln, also eine Ausbildung für Menschen, die von gleich zu gleich beraten. Darauf bauten wir auf und mit der Zeit fanden wir auch Mitstreitende unter Eltern von trans* Kindern und Therapeut*innen, die mit uns Fortbildungen ausrichten. Schon die ersten Schritte zu Psycholog*innen, zu Vorgesetzten im Betrieb, auf die Eltern zu, zu Verwandten, Partner*in sind mit Hürden und Stolpersteinen versehen, von denen sich die meisten mit Hilfe dieser oder einer ähnlich qualifizierten Beratung umgehen lassen.

Vor dem ersten Coming-out

Es ist heute glücklicherweise für trans*, inter* und nichtbinäre Personen viel leichter geworden, an Informationen zu kommen.
Jedoch sagt einem eine Suche im Netz noch nicht, ob das, was da ganz oben als Suchergebnis erscheint, nur deshalb geschrieben wurde, um Angst zu verbreiten oder eine nützliche, verschiedenen Bedürfnissen möglichst gerecht werdende Information ist.
Das Gleiche gilt leider auch für das medizinische, therapeutische und pädagogische Fachpersonal, das nur auf freiwilliger Basis in Ausbildung und Studium zu Trans* etwas erfährt.

Damit eine*r der 0,58 % aus der Bevölkerung *(Williams Institute, 2011, 2016)* erst einmal weiß, woher diese unangenehmen Gefühle in der sozialen Rolle, d. h. im Austausch mit anderen Kindern, Schüler*innen, Kolleg*innen usw. kommen, warum die ersten erotischen Gefühle am Beginn der Pubertät zwischen 9 und 13 Jahren sich irgendwie falsch anfühlen, warum sich eine Sehnsucht entwickelt, eigentlich einer anderen Gruppe Menschen zugehörig zu sein, mit der man tendenziell besser zurecht kommt, braucht es die initiale Selbsterkenntnis. Die kommt nicht von außen. Irgendetwas stimmt nicht, und bevor man nicht von jemand erzählt bekommt, wie sich trans* Sein anfühlt, lösen die Begriffe dazu nichts aus und man kann die Verbindung nicht herstellen. Der entscheidende Dammbruch können autobiographische Bücher bzw. Texte sein. Es sind die beschriebenen Gefühle, die man wiedererkennt, nicht die Berichte über die chirurgisch-medizinische Machbarkeit, die zur Selbsterkenntnis führen. Ist das Gefühl nicht da, kann man auch die Beschreibung nicht nachvollziehen.

Soziale Netzwerke können ein Katalysator sein, in beide Richtungen. Sie können mit grober Verzerrung des Themas Abschreckung bieten, aber auch neue Möglichkeiten. Mit einem Pseudonym, einem Nickname und einem Avatar, einem Platzhalter für die wahre Persönlichkeit, lassen sich ohne Gefahr eines Zwangsoutings intime Informationen austauschen, es gibt dazu auch passende Spiele wie Cosplay, die bei trans* Jugendlichen sehr beliebt sind. Die Anonymität birgt allerdings auch die Gefahr, auf die falschen Personen zu treffen, und ein Austausch von realen Fotos und Adressen kann gefährlich werden. Hierfür ist ein persönliches oder telefonisches Beratungsgespräch mit zertifizierten Peer-Trans*Beratenden eine sichere Möglichkeit, die ein hohes Maß an Anonymität, Datenschutz und Vertraulichkeit bietet.

Viele trans* Kinder fühlen sich mit Beginn der Schule und der damit manchmal verordneten Trennung nach Mädchen- oder Jungeninteressen fehl am Platz und entsprechen auch oft nicht dem „gendertypischen" Verhalten der jeweiligen Gruppe. Es ist jedoch kein Ausschlusskriterium für eine geschlechtliche Nichtübereinstimmung, wenn ein trans* Mädchen lieber Fußball spielt und sich nicht jede Belästigung durch Jungen gefallen lässt. Genauso wenig sagt eine Vorliebe für Puppen etwas darüber aus, welches Geschlecht ein Kind tatsächlich hat.

Alles in allem läuft es bei Kindern darauf hinaus, dass sie sich, was den Geschlechtsausdruck, d.h. ihre Kleidung und ihre soziale Rolle wie Name, Anrede und Pronomen anbetrifft, frei entwickeln können sollten. Bis zum Beginn der Pubertät ist dies die beste Methode, weil sie sicher für die seelische Gesundheit eines Kindes ist. Als Eltern würden Sie gerne an eine vorübergehende Phase glauben? Das ist verständlich. Wenn Sie Ihrem Kind jedoch das Gefühl geben, dass Sie eine Zukunft im eigentlichen Geschlecht ausschließen, kann dies schlimme Folgen haben. Besser ist es, auf die Wünsche des Kindes einzugehen. Sollte es tatsächlich eine Phase sein, ist bis zum Beginn der Pubertät kein Schaden entstanden, den man nicht notfalls durch einen Schulwechsel aus der Welt schaffen könnte. Das ist ein kleines Übel im Vergleich zu einem – vielleicht erfolgreichen – Suizidversuch.

Sie haben als Eltern ein Recht auf gute Beratung und Unterstützung. Auch Sie brauchen Zeit, um sich mit dem Thema innerlich auseinanderzusetzen. Auch Sie haben ein Coming-out und können sich bei Elterngruppen Unterstützung holen. Sie tanken Mut auf und die ganze Familie kommt gestärkt aus dem Transitionsprozess des Kindes. Die Information, wie der Vorgang einer sozialen, rechtlichen und/oder medizinischen Angleichung vor sich geht und vielleicht auch, an wen man sich wenden kann, ist das Licht am Ende des Tunnels, das die meisten von uns das Leiden noch etwas länger aushalten lässt, so lange es vorwärts geht.

Bei Kindern und Jugendlichen, die in einer Studie der Transgender Youth Clinic in Los Angeles *(J. Olson, Journal of Adolescent Health 2015, Baseline characteristics of transgender youth seeking care…)* befragt wurden, tritt die Selbsterkenntnis in einem Alter von 4 bis 13 Jahren und durchschnittlich im Alter von 8,5 Jahren ein. Eine spätere Selbsterkenntnis ist in Abhängigkeit vom Umfeld und von verfügbaren Informationen möglich. Eine deutsche Studie von Krell und Oldemeier *(Coming-out und dann?)*, die im ähnlichen Zeitraum entstanden ist, bestätigt und erhärtet diese Aussage.

Jugendliche, das sind hier im medizinischen Zusammenhang Menschen, bei denen die ersten Anzeichen der Pubertät feststellbar sind und nicht etwa Menschen, die mindestens 14 Jahre alt sind. Da ist die Pubertät bei den als Mädchen zugewiesenen Personen schon nachweislich weit fortgeschritten.

Was passiert, wenn die Selbsterkenntnis eingetreten ist? Dann weiß es nach wie vor nur diese Person selbst. Aber, „wie komme ich da raus? Wem traue ich mir etwas zu sagen? Was passiert, wenn ich es tue? Wem sage ich es zuerst?"

Die Wahrscheinlichkeit, in der eigenen Familie auf völlige Ahnungslosigkeit zu treffen, ist hoch. Selbst wenn im familiären Umfeld schon immer das Anderssein auffiel, und die anderen irgendwas Besonderes an einem bemerkten, bedeutet das noch lange nicht, das jemand dahinter Trans* vermutet.

Bei trans* Menschen aller Altersklassen gibt es hohe Erwartungen an das Umfeld und umgekehrt, die Missverständnisse vorprogrammieren. Beide Seiten haben ängstlich gespannte oder auch hohe Erwartungen an ein erstes Coming-out Gespräch. Beide Seiten sind durch gesellschaftliche Normen, ihr Umfeld, ihre Religion und nicht zuletzt durch ihre eigene Sozialisation geprägt. Eltern haben nicht nur eine Idee, wie Mädchen und Jungen typischerweise zu sein haben und wissen auch ganz, ganz genau, wie weit man Grenzen bei der sozialen Rolle überschreiten kann und wann nicht. Die trans* Person selber, z.B. ein trans* Junge, hat eine Idee davon, wie man sich verhalten muss, um als Junge akzeptiert zu werden. Vielleicht ist dieser Junge aber trotzdem kein Fußballfan oder Raufbold. Neue Erwartungen von beiden Seiten können entstehen und zur Herausforderung werden.

Coming-out

Liebe Eltern, wenn Sie sich unterhalten, machen Sie sich aus gegebenen Anlass über schwule Männer, lesbische Frauen oder Menschen lustig, die irgendwie trans* sind und das im Beisein ihrer Kinder? Jeder Scherz über etwas „schwules" dies oder jenes oder „Transe" ist ein dicker, fetter Backstein auf die Mauer, die ihr Kind am Coming-out gegenüber Ihnen hindern könnte und hinter der es sich einschließt. Es kann schlicht nicht darauf vertrauen, dass Sie angemessen reagieren. Gleiches gilt übrigens für alle Lebensumstände, in die Menschen geraten oder von Anfang an sind.

Junge trans* Kinder, die mal die Kleidung der Geschwister anziehen und dabei „erwischt" werden, (was zunächst einmal ein völlig normales, wertfreies Spielverhalten von Kindern darstellt) und eine gehörige Portion Spott abgekommen, merken sich dieses Ereignis. Noch ein Backstein.
Stellen Sie sich folgende Situation vor: Eltern sitzen mit ihrem Kind gemütlich abends vor dem Bildschirm und schauen sich eine Talkrunde oder Musikshow an, an der eine trans* Person beteiligt ist. Eine Situation, wie es sie tausendfach gibt. Da sich ihr Kind nicht immer eindeutig den üblichen, von außen zugesprochenen Spielkameraden und Spielweisen zuordnet, stellen Sie, vielleicht auch nicht ganz ernsthaft formuliert, bei der Präsentation einer trans* Person die Frage: Bist Du auch so wie die?

Für ein trans* Kind wäre jetzt die große Chance, sich seinen Eltern anzuvertrauen. Welches Kind aber würde jetzt, nach all den vorherigen Sprüchen, mutig „ja" antworten? So wie die Eltern möglicherweise eingestellt sind, was passiert mir dann? Lachen sie mich aus? Was stellen sie mit mir an? Haben sie mich nicht mehr lieb? In so einem Fall kommt nach 3 Sekunden die unzutreffende Antwort „Nein". Eine für alle verlorene und vergebene Chance, die Dinge für das betroffene Kind besser und leichter zu machen!

Nur eine offene verständnisvolle Atmosphäre, in der alles Menschliche mit einem gewissen Respekt behandelt wird, schafft eine Grundlage, sich anvertrauen zu können. Es ist nachgewiesen, dass eine ablehnende Haltung der Eltern schwere Depressionen und Selbstmordgedanken bis hin zum Versuch auslöst *(J. Olson, Journal of Adolescent Health 2015, Baseline characteristics of transgender youth seeking car, Teleton Kids Institute, Trans-Pathways)*. Da Sie als Eltern zu diesem Zeitpunkt noch nicht wissen können, wie tiefgreifend der Zustand ihres Kindes ist, bleibt Ihnen nichts anderes übrig, als den gegenwärtigen Zustand zu akzeptieren. Tun Sie das, kann es sein, dass Sie mit „Forderungen" überrollt werden, die Sie erstmal überfordern. Neuer Vorname, neue Kleidung, bitte mit richtigem Pronomen anreden, am besten gleich morgen im neuen Ich auf die Straße. Für das Kind ist es das Normalste der Welt. Es gehört einfach dazu, und je mehr es davon bekommt, desto stimmiger fühlt es sich, will so schnell wie möglich am Ziel ankommen und immer und überall akzeptiert werden.

Das Misgendern, also den alten Vornamen, den „dead name" und das alte Pronomen zu verwenden, ist in der Öffentlichkeit eine Art Kainsmal und wird aus Sicht des Kindes als Zeichen der Nichtakzeptanz und Ablehnung gewertet. Es ist, als müssten Sie eine neue Sprache lernen und es erscheint dem Kind so, als gäben Sie sich keine Mühe.

Aber von heute auf morgen alles umstellen, ist das sinnvoll?

Dazu eine Aussage eines männlich zugewiesenen Kindes, das mir begegnet ist. Ich fragte: „Als was siehst Du Dich?" Es antwortete: „Als Mädchen." Kurze Pause. „Aber auch als Junge." Bei dieser Antwort würde wohl vielen Menschen als erstes der Gedanke kommen, da weiß jemand (noch) nicht genau, was los ist. An dieser Stelle lohnt es sich jedoch, genau hinzuhören. Ich fragte weiter, „Warum?" „Ich weiß, dass ich ein Mädchen bin, aber auch ein Junge, weil ich da unten noch so aussehe." Das hört sich schon anders an. Wenn ein vorher eher verschlossenes Kind plötzlich wieder richtig aufblüht, wenn aus einem Jugendlichen, der sich in der Pubertät immer mehr zurückzieht, plötzlich wieder ein hoffnungsvoller junger Mensch wird, dann muss es wohl trans* sein. Obwohl ein Coming-out in der Schule mit 13 Jahren kein Zuckerschlecken ist, ist doch das Gefühl, „endlich ich" zu sein, so kraftvoll, dass sich Situationen, in denen man in Frage gestellt wird, eher meistern lassen. Es ist nur scheinbar paradox: Vor dem Coming-out passte die soziale Rolle irgendwie zum Äußeren, aber man kann sie nicht wirklich ausfüllen und passt deshalb aus der Sicht des anderen nicht so richtig hinein. Nach dem Coming-out passt man hinein, muss sein Äußeres aber verteidigen. Das fällt jedoch mit zunehmender Stimmigkeit um ein vielfaches leichter, als eine Fassade für die Erwartung anderer aufzubauen. Es fühlt sich toll an, endlich man selbst sein zu können. Glücklicherweise zeigt die Erfahrung, dass geoutete trans* Kinder und *Jugendliche bei vielen ihrer Mitschüler*innen auf Verständnis, Unterstützung und sogar z. T. auf Bewunderung für ihren Mut stoßen. Eine Erfahrung, die es ermöglicht, endlich wieder aktiv an einer Klassengemeinschaft teilzunehmen und sich als „normal" zu erleben. Die Zeit vor dem Outing wird rückblickend häufig als erheblich belastender beschrieben.

Grenzen setzen der Körper, der sich, so lange man keinen Arzt besucht, munter in die wahrscheinlich falsche Richtung entwickelt und das Umfeld, die Verwandten, die Geschwister, die Schule. Je länger und besser man sich kennt, desto länger dauert die Umgewöhnung bei der Ansprache.

In der Kindertagesstätte reicht fast immer ein Gespräch mit den Erzieher*innen, in der Schule wird es schon etwas schwieriger. Kurslisten, Schülerausweise, Klassenbücher, Zeugnisse, überall steht der „dead name" drin, wenn man nicht aktiv etwas dagegen tut. Als Eltern sollte man sich so schnell wie möglich mit der Schulleitung in Verbindung setzen, um die Anrede durch Lehrkräfte und Pädagog*innen im selbstgewählten Namen und Pronomen zu erwirken. Darauf hat man einen Anspruch *(Bundesverfassungsgericht 2 BVR 1833/95)*. Listen, Schülerausweise sind keine Dokumente, Zeugnisse schon. Auch die können geändert werden. Ausreden wie „Urkundenfälschung" oder „Betrug" treffen nicht zu. Die Schule ist berechtigt, Zeugnisse auszustellen. Wenn sie es selbst mit dem neuen Vornamen tut, trifft „Urkundenfälschung" nicht zu. Da die Person, die das geänderte Zeugnis in der Hand hält, auch die dazugehörige Leistung erbracht hat, ist es, nach rechtlichen Gesichtspunkten, auch kein Betrug.

Richtig spannend wird es bei scheinbaren Nebensächlichkeiten wie Toilettenbesuch und Sportunterricht. Optimal wären Toiletten, die nach Angebot (sitzen oder stehen) beschriftet wären, dass wird aber noch etwas dauern. Lehrertoiletten können ein Ausweg sein. Bei Schulausflügen und Sportunterricht kommen Eltern anderer Kinder ins Spiel, die ihre Ängste auf Ihr Kind projizieren. Führen Sie Gespräche mit den Beteiligten. Je weniger Zimmergenoss*innen ein Zimmer in einer Jugendherberge teilen müssen, desto weniger Eltern müssen Sie fragen. Wird das Kind aus der Vorstunde 10 Minuten früher zum Sport in die Umkleidekabine geschickt kann es sich alleine umziehen.
Individuelle Lösungen, die das trans* Kind unterstützen, sind gefragt. Dabei gilt rechtlich der Minderheitenschutz. Fühlt sich ein Junge nicht wohl, wenn sich ein trans* Junge mit in der Umkleide befindet? Kein Problem, dann kann man für diesen Jungen eine Einzellösung herbeiführen. Nicht alle Fragen sollen an den betroffenen trans* Kindern abgearbeitet werden. Diese müssen schließlich zusätzlich zu den grundsätzlichen Belastungen, die die Pubertät mit sich bringt, noch ihr inneres und äußeres Coming-out sowie den Transitionsprozess bewältigen.

Übrigens: Gesetzliche Vorschriften, eine bestimmte Toilette benutzen zu müssen, gib es genauso wenig wie Kleidungsvorschriften, zumindest in Deutschland.

Medizin: Hormone oder nicht

Die neue soziale Rolle ausprobieren, dass erwarten Therapeut*innen, bevor man in irgendeiner Weise medizinisch eingreift. Alltagserprobung nennen sie das. Ist Ihr Kind schon mit 5 Jahren out, hatte es diese Zeit schon, bis ein hormonelles Eingreifen ratsam sein könnte.

Am Beginn der Pubertät im Alter zwischen 8 und 13, je nach Geschlecht, kommt bei manchen aber alles auf einmal. Aus einem ungewissen Gefühl entsteht plötzlich die Gewissheit, dass Brust oder Penis nicht zu einem gehören und darüber hinaus auch noch lästige Gefühle produzieren, die umso heftiger werden, wenn man sich nicht ablenken kann. Gerade die Jugendlichen, denen ihre Geschlechtsteile nicht nur optisch, sondern auch von dem her, was sie machen (z.B. eine Erektion, Monatsblutung und wachsende Brust), psychisch lästig bzw. belastend werden, brauchen schnelle Hilfe. Hier werden von erfahrenen Ärzten sogenannte Pubertätsblocker eingesetzt, die den Pubertätsprozess für begrenzte Zeit anhalten. Vorausgesetzt wird aber, dass diese Jugendlichen schon diesen „ersten Biss der Pubertät" gespürt haben. Dann haben Jugendliche erst eine Vorstellung davon, ob diese Gefühle lustvoll sind oder quälend. Die Pubertätsblockade gibt Zeit. Stimmbruch, Bart- oder Brustwachstum werden verhindert, wenn sie noch nicht begonnen haben, und die Körpersilhouette ändert sich erst einmal nicht. Einige wenige Therapeut*innen lehnen jedoch jede Form der Hormontherapie bis zum Ende der Pubertät ab. Damit meinen sie ein Alter von mindestens 18 Jahren und ziehen sich damit aus der Verantwortung. Der Verlauf der Pubertät richtet sich nicht nach juristischen Altersgrenzen.

Diese Leute behaupten, die Mehrheit derer, die die Pubertätsblocker nehmen, gehen auch den Weg der Geschlechtsangleichung. Die Jugendlichen würden damit sozusagen erst trans* gemacht. Wie dies das Vorhandensein von Kindern erklären soll, die schon mit vier Jahren fragen, ob das da zwischen den Beinen abfällt oder ob da noch was wächst, diese Antwort bleiben diese Leute schuldig. Aus diesen Kreisen gibt es auch Empfehlungen, man solle beim Spielen mit den Kindern auf „geschlechtskonforme" Tätigkeiten achten und so das Kind formen. Unter anderem die Frauen unserer erfolgreichen deutschen Fußball-Nationalelf hätten auf so eine Denkweise sicher eine wenig freundliche Antwort.

Leichtfertig verschreibt kein*e Mediziner*in Pubertätsblocker. Fühlt sich ein Kind durch diese Therapie deutlich besser und entlastet, gibt es keinen anderen Weg, ohne Hormone diesen Zustand zu erreichen. Circa ein Drittel der Jugendlichen springt ohne Schaden von dieser Therapie ab, weil sie merken, dass Lust, Körper und soziale Rolle noch einmal verschiedene Dinge sind. Nach ein paar Wochen kommt das körpereigene Hormonsystem wieder in Gang. Die anderen warten sehnsüchtig darauf, dass sie nach einiger Zeit auf Hormone, die zum erlebten Geschlecht gehören, umgestellt werden. Bei diesen Hormonen, Testosteron für Jungen, Östrogen für Mädchen, passiert etwas. Schon Stunden nach der Anwendung können trans* Jungen und Mädchen spüren, dass es etwas mit ihren Gefühlen und ihrem Antrieb macht. Die, für die es richtig ist, fühlen sich über Nacht besser.

Es ist ein wichtiger und der erste entscheidende Schritt auf dem Weg einer Geschlechtsangleichung. Bevor die Hormone etwas mit der Stimme, dem Bart oder dem Brustwachstum machen, vergehen mehrere Wochen bis Monate. Bis man etwas sehen oder hören könnte, vergeht also Zeit und es ist noch Gelegenheit, alles zu stoppen, wenn man zu der Erkenntnis kommt, dass die Entscheidung falsch war. Das ist jedoch sehr unwahrscheinlich. Wenn jemand die Hormontherapie abbricht, dann zu einem Zeitpunkt, der nahe am Beginn der Therapie liegt. Hat sich der Weg als der für einen selbst richtige herausgestellt, müssen diese Hormone lebenslang durch Gel, spezielle Pflaster oder Spritzen zugeführt werden. Tabletten sind für die Daueranwendung nicht zu empfehlen. Der Umweg über die

Leber kann durch den sogenannten „first-pass"-Effekt nach Jahren zu Bluthochdruck führen und weitere Nebenwirkungen haben.
Die Frage der Fruchtbarkeit ist in den letzten Jahren in die Betrachtung der Therapeut*innen zur Begleitung trans* Erwachsener eingeflossen und sie haben empfohlen, über Verfahren aufzuklären, mit denen Ei- und Samenzellen konserviert werden können, bevor man die Genitalien chirurgisch angleichen lässt.
Aber wie ist das bei Jugendlichen? Damit man Ei- und Samenzellen konservieren kann, müssen diese erst produziert werden können, d.h. Hoden und Eierstöcke müssen entsprechend entwickelt sein. Auch hier kommt wieder der schon genannte „erste Biss" der Pubertät ins Spiel. Zu lange warten kann Stimmbruch bedeuten, für trans* Mädchen sehr problematisch. Trans* Jungen haben es da etwas einfacher, die Brust wächst relativ langsam. Es bleibt eine Gratwanderung. Wird man dazu in der endokrinologischen Abteilung einer Fachklinik gut beraten?

Hier tun sich wieder Abgründe auf. Es ist bekannt, dass trans* Männer nach Absetzen des Testosterons wieder schwanger werden können. Dass ein Mann, also ein Mensch, der einen Bart, eine tiefe Stimme und keine weibliche Brust hat, aber noch Eierstöcke und Gebärmutter, schwanger wird, erregt Aufmerksamkeit. Über trans* Frauen, die nach Absetzen des Östrogens wieder zeugungsfähig werden, erfährt man praktisch nichts.

Geht man zu einem Endokrinologen, einem Facharzt für alles, was mit dem Hormonsystem des Körpers zu tun hat, also mit Stoffen wie Insulin und eben auch den Sexualhormonen, bekommt man z. B. eine Erklärung vorgelegt, die man unterschreiben soll. Ein solche mir vorliegende Erklärung enthält sinngemäß in der oberen Hälfte den Hinweis: Wenn Sie diese Hormone einnehmen, werden Sie unfruchtbar. In der unteren Hälfte steht: Diese Hormontherapie eignet sich nicht zur Empfängnisverhütung. Aha, was denn jetzt, unfruchtbar oder nicht?

Hier geht es darum, die Behandelnden von der Haftung zu befreien, mit der Realität hat das eher weniger zu tun. Alles, was passieren könnte, wird ausgeschlossen, über die Wahrscheinlichkeit sagt es nichts aus. Hier steht die medizinische Forschung noch am Anfang und verlässliche Zahlen gibt es dazu nicht.

Der Vorteil eines frühen hormonellen Eingriffs liegt in der Chance, später einen in jeder Hinsicht dem erlebten Geschlecht entsprechend ausgeformten Körper zu haben. Dies wäre auch der größte Nachteil, wenn man mit der Einschätzung falsch liegen würde. Dr. Bernd Meyenburg, Klinikum der Goethe Universität Frankfurt a.M., äußerte dazu *(3sat Kulturzeit, 2019),* dass von den über 800 jugendlichen Klienten, die er in seiner über 30-jährigen Berufslaufbahn betreute, nur „2 bis 3" später über ihren Schritt Bedauern äußerten. Das ist eine ziemlich gute Erfolgsquote.

Hätten diese Kinder es nicht einfach aushalten können? Sicher, manche schaffen das, irgendwie. Aber um welchen Preis? Wer auf Ablehnung stößt, d. h. auch eine Ablehnung der Hormontherapie, hat ein Risiko von 45 %, an einer schweren Depression zu erkranken und Suizidgedanken zu entwickeln. Wer auf eine nicht beeinflussende Unterstützung trifft, hat ein Risiko für Depressionen, das nur knapp über dem der gleichaltrigen Jugendlichen liegt. *(J. Olson, Journal of Adolescent Health 2015, Baseline characteristics of transgender youth seeking care, Teleton Kids Institute, Trans-Pathways).* Immer wieder kommt es vor, dass Kinder, denen man den öffentlichen Rollenwechsel und/oder die Hormone verweigert, z. T. „erfolgreiche" Suizide begehen. Aus Scham schweigen die Eltern über die Umstände, die Medien legen sich dazu selber einen Maulkorb an. Der Fall von Leelah Alcorn aus den USA machte weltweit Schlagzeilen, weil sie ihren Abschiedsbrief im sozialen Netzwerk Tumblr veröffentlicht hatte.
„Mit 14 erfuhr ich, was Transgender bedeutet und weinte vor Glück. Nach 10 Jahren der Verwirrung verstand ich endlich, wer ich war.

Ich erzählte das sofort meiner Mutter und sie reagierte extrem negativ, sagte mir, das sei nur eine Phase, dass ich niemals wirklich ein Mädchen sein könne, dass Gott keine Fehler mache und dass ich falsch liege. Wenn Ihr das als Eltern lest, BITTE sagt so etwas nicht zu Euren Kindern. Auch wenn ihr Christen seid oder was gegen Transgender habt, sagt das niemals einem ins Gesicht, besonders nicht euren Kindern. Das bringt nichts und sorgt nur dafür, dass sie sich selbst hassen. Das ist genau das, was es mit mir gemacht hat."

Bei ihr kamen noch ein evangelikal-christlicher Konversionsversuch hinzu, der Versuch einen trans* Menschen mit seinem „biologischen" Geschlecht zu „versöhnen." Neben diesem besonders schrecklichen Szenario sind allerdings schwer zu kittende Brüche in der Eltern-Kind-Beziehung sowie lebenslange Selbstzweifel die häufigeren Probleme, dessen Ursprünge sich in einem nicht unterstützenden familiären Umfeld bedingen.

Ausgerechnet die Menschen, die Vorbilder, engste Vertraute und sicherer Hafen sein sollten, verweigern mir das Gefühl: „Ich bin okay!" Das zu bewältigen bleibt für trans* Personen eine lebenslange Aufgabe, die einfach vermieden werden könnte, indem Eltern das in ihrem Kind sehen, was es ist: Eine eigenständige Person mit eigenen Ideen, Wünschen und Vorstellungen, wer sie ist und was sie sein möchte. Kinder sind nicht dazu da, geheime Sehnsüchte und/oder Lebensvorstellungen ihrer Eltern zu erfüllen. Dieser Aufgabe müssen sich Eltern schon selbst stellen!

Wenn die Kinder einmal erwachsen werden, bereuen sie dann doch viel später irgendwann den Schritt einer Geschlechtsangleichung? Nach Daten des für Personenstandsänderungen zuständigen Amtsgerichts in Rheinland-Pfalz waren das innerhalb von 10 Jahren nur 0,43 % in allen Altersklassen. Die beste Therapie ist eine, die man nicht braucht. Gesetzliche Vorgaben machen aber eine Therapie für Kinder und Jugendliche unumgänglich. Auch das häufig gefühlte Leid der trans* Kinder und Jugendlichen macht meist eine gute

Therapie als begleitende Maßnahme des Coming-out und der gewünschten Transition unumgänglich. Diese sollte sich unbedingt an jedem einzelnen Kind und Jugendlichen und an dessen speziellen Bedürfnissen orientieren und nicht an Weltanschauungen oder Religionen, die z. B. Fruchtbarkeit oder klischeehafte Vorstellungen von Familie und Partnerschaft über alles stellen, also auch über ein gesundes und glückliches Leben.

Wie sieht es langfristig aus? Über Rückkehrer, Menschen, die bereuen, haben wir schon gesprochen. Können die Hormone krank machen? Ja, können sie, wie bei allem, was der Körper identisch auch selbst produzieren kann, gibt es geschlechtsspezifische Risiken. Dieses ist das allgemeine Lebensrisiko, das jeder Mensch hat. Zunächst kommt es darauf an, möglichst nahe an der Natur zu bleiben, also die Hormone ohne Umweg über den Verdauungstrakt in den Blutkreislauf zu bringen und dabei Varianten zu verwenden, die mit den natürlichen Stoffen chemisch identisch sind. Diese Therapie ist nicht zu verwechseln mit einer Hormonersatztherapie, die viele Frauen nach den Wechseljahren beginnen. Knochen, Psyche und das gesamte Hormonsystem stehen in einer Wechselwirkung und sind auf die Sexualhormone angewiesen. Es gibt keinen logischen Grund anzunehmen, dass ein Stoff, der natürlicherweise im Menschen vorkommt, diesem mehr schaden soll, nur weil er auf andere Weise in den Blutkreislauf gelangt, es sei denn, er geht den ersten Weg über die Leber, also dann, wenn man Hormone in Tablettenform einnimmt.

Bei Berichten über Krebsfälle im Zusammenhang mit einer Hormontherapie werden Therapieformen in Kombination mit Gestagenen und Östrogenen, die nicht chemisch identisch mit dem im Körper vorkommenden Östradiol sind, in einen Topf geworfen und die Relationen im falschen Licht dargestellt. Gestagene werden für die Hormonersatztherapie von trans* Frauen nicht zwingend benötigt. Ein Fall mehr von Krebs bei 200 Menschen mit Östrogentherapie im Alter von über 50 steht in keinem Verhältnis zu einem 10- bis 100-mal höherem Risiko, durch Übergewicht, Alkohol und Rauchen an Krebs zu erkranken. Ähnlich wie bei Impfgegnern, spielt der Auftraggeber so einer Studie auch eine Rolle, der religiös motivierte Ansichten, also der Natur ihren freien Lauf zu lassen, koste es, was es wolle, verdeckt nach vorne bringen möchte. Frauen in den Wechseljahren sollen doch bitte nicht in ihren Körper eingreifen, so der Gedanke dahinter. Dass die gestiegene Lebenserwartung bei Frauen 30 Extrajahre ohne körpereigene Sexualhormone bringt, ist ohne heilende Eingriffe der Medizin auch nicht möglich. Letztlich zählt, ob der Nutzen die Risiken überwiegt. Angenommen, ein Mann hätte kein Testosteron mehr im Körper. Die Frage, ob er künstlich Testosteron zugeführt bekommen soll oder nicht, würde vermutlich gar nicht gestellt, es wäre praktisch selbstverständlich.

Medizin: Operationen oder nicht

Etwa ein Drittel aller trans* Menschen braucht zum Leben eine genitalangleichende Operation und evtl. eine Brustentfernung oder einen Brustaufbau. Nach Angaben der Universitätsklinik Amsterdam *(Peggy Cohen-Kettenis, VU UMC Amsterdam, https://www.ncbi. nlm.nih.gov/pubmed/29463477)* nimmt ein weiteres Drittel nur die Hormontherapie in Anspruch, und die letzte Gruppe stellt nur die soziale Rolle um.

Wie im Kapitel Hormone schon beschrieben, geben Pubertätsblocker und eine spätere Hormontherapie mit den Sexualhormonen Östrogen oder Testosteron Zeit, sich über die Notwendigkeit einer Genitaloperation sicher zu werden. Bei diesen Hormonen, körpereigenen oder zugeführten, sind im Körper auch Lustgefühle da, und wie am Anfang der Pubertät kann das sehr unangenehm sein, weil damit Reize in der Brust und die Erektion des Penis verbunden sind. Geht die Nichtübereinstimmung zu weit, dauert an und ist nicht durch Fremdeinwirkung verursacht, ist das ein starkes Zeichen für Therapeut*innen und Kind/Jugendlichen, dass Handlungsbedarf besteht, dass etwas getan werden muss. Ist das Genital dagegen Teil angenehmer Erlebnisse, muss da auch nichts gemacht werden. Frau mit Penis, Mann mit Vagina? Die gibt es schon. Im Alltag schaut keiner in die Hose oder unter den Rock, schon gar nicht, wenn der ganze Mensch stimmig in seiner Geschlechtsrolle ist.

Für nichtbinäre Menschen sind besonders breitgefächerte Angebote ein Muss, da es ihnen helfen kann, schon durch minimale medizinische Hilfen ihr eigenes empfundenes Geschlecht zum Ausdruck bringen zu können.
Wird die Hormontherapie früh begonnen, sind weitere Operationen und Behandlungen unnötig. Stimmband- und Kehlkopfoperationen, Brustentfernung und Barthaarentfernung fallen weg.

Eine Frage, die oft gestellt wird: Wann ist der richtige Zeitpunkt für eine Operation?
Mit 18, mit 16 oder gar früher? Es hängt vom Jugendlichen ab. Die Frage der Einwilligungsfähigkeit in so eine Maßnahme sollte durch die begleitenden Ärzt*innen und Psycholog*innen mit abgeklärt sein. Ist sie gegeben, müssen die Eltern bzw. Personensorgeberechtigten noch ihr Okay geben. Ein*e passende*r Chirurg*in muss gefunden werden. Alle zuständigen Mediziner*innen sollten auch Fragen nach der Nachsorge, und wie diese organisiert ist, beantworten können. Es ist schon vorgekommen, dass ein*e Chirurg*in direkt nach der Operation in Urlaub gefahren ist und die Vertretung mit der Nachsorge hoffnungslos überfordert war.

Mit der Indikation für eine chirurgische Maßnahme und der psychologischen Begleitung an der Hand fängt die Reise durch das Krankenkassensystem an. Anträge an die Krankenkasse schicken, das hört sich einfach an, es gibt aber Stolpersteine. Mindestens eine der beiden sogenannten Indikationen, wie die Stellungnahme des/der Therapeut*innen heißt, sollte von Ärzt*innen gestellt sein. Manchmal verlangen die Krankenkassen sogar mehr als zwei Stellungnahmen, obwohl ihre Richtlinien das gar nicht vorschreiben. Hier fängt der Bereich unserer Beratung an, um dieses Verfahren ohne Risiken und Nebenwirkungen zu durchlaufen.

Freunde & Partnerschaft

Trans* Kinder neigen häufig schon früh dazu, lieber mit anderen Kindern des gleichen erlebten Geschlechts zu spielen und ihre Zeit zu verbringen, also früher als der durchschnittliche Altersbereich von 6 bis 7 Jahren, weil sie zwangsweise eher ein Bewusstsein für das eigene Geschlecht entwickeln. In der für sie richtigen Gruppe fühlen sie sich verstanden und teilen gemeinsame Interessen. Bis zum Beginn der Pubertät ist das alles kein Problem. Kinder kann man zum Thema Trans* altersgerecht aufklären, z. B. mit einem Kinderbuch wie „Teddy Tilly", das ohne Wörter mit „trans" auskommt und keine Geschlechtsteile zur Erklärung braucht. Danach war es das für die Kinder meist auch, es spielt in ihrer Welt noch keine Rolle, jenseits des Neuen, Unbekannten.

Mit den ersten Anzeichen der Pubertät steigt der Druck der sozialen Gruppe, sich einzuordnen. Pubertät und das erwachende sexuelle Interesse bedingen, dass Körpermerkmale und die eigene Attraktivität wichtiger und der gesellschaftliche Druck bei dem, was gerade „in" ist, dabei zu sein, steigt. Die Jugendlichen lernen, was Ärger vermeidet und was man besser für sich behalten sollte.

Schwul oder lesbisch zu sein, gibt auf dem Schulhof immer noch einen Grund zur Anmache her. Sollten sich ein Junge und ein trans* Mädchen verlieben, sieht sich das Mädchen je nach Ausgangsbasis mit Vorwürfen konfrontiert, etwas verheimlicht zu haben. Hat es das nicht, wird der Junge für schwul gehalten, weil er sich bewusst auf das Mädchen eingelassen hat. Das ist eine Erfahrung, mit der man erst umgehen lernen muss. Hier sind besonders die Pädagog*innen vor Ort gefragt, eine offene und inklusive Haltung an Institutionen wie Schulen, Horten und Jugendhäuser herbeizuführen, in der sich alle Jugendlichen gemäß ihrer Einzigartigkeit entfalten können. Die sexuelle Orientierung hängt übrigens nicht vom erlebten Geschlecht ab und kann sich wie sonst auch so oder so zeigen.

Für trans* Jugendliche, die sich in dieser Zeit immer in einem körperlichen Zwischenzustand befinden, ist das nicht einfach. Stealth, also im Tarnmodus zu leben, ohne dass irgendjemand etwas vom Hintergrund weiß und mitbekommt, ist möglich, aber sehr anstrengend. Warum nimmt man nicht am Sport teil, warum lässt man niemanden nah an sich ran? Diese Art durch das Teenageralter zu kommen, lässt sie vorbeiziehen, ohne erlebt zu haben, was dazu gehört und bedeutet ständige Angst, geoutet zu werden.

Man ist hin und her gerissen. Soll ich es dem Menschen, in den ich mich verliebt habe, offenbaren oder nicht? Wenn ja, wissen es vielleicht am nächsten Tag alle anderen auch. Gleichzeitig möchten die meisten diese körperliche Uneindeutigkeit möglichst schnell verlassen und wollen die dazu nötigen Operationen so schnell, wie es geht, haben, in der Hoffnung, das löst alle Probleme. Der innere Rückzug von der sozialen Gruppe macht andere misstrauisch und ruft die auf den Plan, die durch Intoleranz und unsoziales Verhalten Aufmerksamkeit bekommen. Wichtige Erlebnisse jenseits des Themas „Geschlechtsidentität", die das Selbstbewusstsein stärken, Wohlbefinden und Unterstützung durch Freundschaften mit sich bringen, werden eventuell nicht gemacht. Es droht die Vereinsamung, der viele trans* Jugendliche erst einmal durch die Nutzung von sozialen Medien zu entfliehen versuchen. Dort treffen sich Gleichgesinnte und diese Freundschaften sind denen in der „realen Welt" erst einmal emotional sehr ähnlich und häufig sehr tief.
Gut, wenn man in dieser Zeit Freundschaften pflegen kann und auch in der eigenen Familie Rückhalt hat, sollte irgendetwas Schlimmes

passieren. Mit etwas Glück kann man den auch in einer queren Jugendgruppe unter Gleichgesinnten finden.

Angst – Transphobie – Trans*-Feindlichkeit

Gelegentlich ist in den Medien zu lesen, man könne sich in Selbsthilfegruppen und sozialen Netzwerken anstecken. Gute Pädagog*innen, die sich für Vielfalt und demokratische Werte einsetzen, würden die Kinder und Jugendlichen „umerziehen" und ihrer „natürlichen Sexualität und Identität" entfremden. Statt diesen Menschen für ihren Einsatz Wertschätzung entgegenzubringen, machen Wörter wie Hype, Cluster Outbreak und Modeerscheinung die Runde, und man könnte glauben, es wäre ein tödlicher Virus unterwegs. Es ist spannend zu beobachten, dass immer die gleichen wenigen Autoren mit unbelegten Argumenten herumgereicht werden mit den gleichen Sätzen wie „In einem bayrischen Dorf (oder einem x-beliebigen Dorf in einem deutschen Wald) tauchen plötzlich fünf Behandlungssuchende auf, das wäre statistisch unmöglich und die können sich ja nur gegenseitig beeinflusst haben."

Menschen, die sich dauerhaft in einer anderen sozialen Geschlechtsrolle bewegt haben, gab es zu allen Zeiten und sind historisch belegt. Vom französischen Botschafter am Hof des Zaren bis hin zu den „Two spirit people" bei den Ureinwohnern Nordamerikas. Die ersten chirurgischen Geschlechtsangleichungen wurden bereits 1929 in Deutschland durchgeführt. Wissen und Erfahrung wurden zum großen Teil in der NS-Zeit vernichtet und Magnus Hirschfeld, im internationalen Maßstab Deutschlands bekanntester Sexualwissenschaftler, musste ins Ausland fliehen. Mit Angst lässt sich gut Politik machen, das wissen auch die Gegner jeglicher Vielfalt.
Schauen wir uns mal das vermutlich fiktive Dorf im Wald an. 0,58 % aller Menschen sind trans*, so eine 2011 und 2016 vom Williams Institute/USA landesweite großangelegte Studie, in allen Altersstufen gleichmäßig. Gezählt wurden Jugendliche ab einem Alter von 13.

Wie viele trans* Kinder und Jugendliche kann man dann in einem Dorf finden und wie groß ist das Dorf eigentlich? Gibt es am Ort für den Landkreis ein Schulzentrum, ist es keineswegs außergewöhnlich, dort mehrere betroffene Kinder zu finden.

Die große Mehrheit der Kinder- und Jugendtherapeuten widerspricht solcher Polemik deutlich, das ist für die Medien aber zu langweilig. Angst und Panik verkaufen sich besser als Aufklärung. Das Patentrezept für den Umgang mit solchen Tönen ist noch nicht gefunden.

Was hilft?
Aufklärung, Information, Bildung. Deshalb haben einige Bundesländer Aktionspläne gegen Trans* und Homophobie aufgelegt und die Aufklärung zu trans* zum Teil ihrer Bildungspläne zur Sexualaufklärung in den Schulen gemacht.
Auch Sie können etwas dafür tun, indem Sie sich informieren und offensiv mit Diskriminierung auseinandersetzen. 0,58 % sind nicht viel. Aber alle trans* Menschen haben Eltern, Geschwister, Freunde, Nachbarn, Mitschüler*innen, die ihnen zur Seite stehen können. Gemeinsam haben wir eine Stimme, die gehört wird.

Danksagung:
Bettina Kempf und Heike Zimmermann
für wertvolle Ergänzungen.

Petra Weitzel
Dipl.-Ing. (FH)

Jahrgang 1959
verheiratet

IT-Professional

Vorsitzende der dgti e.V. seit 2017

Mein Lebensmotto:
„Nur mit Vergangenheit gibt es eine Zukunft."

www.tur2017.de
www.transinfrankfurt.de
www.dgti.org/didgti/dgtispendenkonto

MONA GRIESBECK

Zu einem glücklichen Leben gehört ein erfülltes Berufsleben und ein Arbeitsplatz, an dem ich mich wohlfühle.
Deshalb ist es für trans* Menschen sehr wichtig, dass sich Unternehmen und Personalverantwortliche mit dem Thema Transgender befassen. Ein Identitätswechsel darf keinen Einfluss auf Beruf und Karriere haben.

Mona Griesbeck

TRANSGENDER & ARBEITSWELT

Ein wesentlicher Bestandteil eines Erwachsenenlebens ist die berufliche Existenz. Erwerbstätige verbringen den größten Teil ihrer Wachzeit in der Arbeit. Gesamt betrachtet wird rund ein Viertel der Lebenszeit mit dem Arbeitgeber und Kolleg*innen geteilt. Umso belastender, wenn eben diese Lebenszeit auch noch mit einem unfreiwilligen Versteck- oder Rollenspiel einhergeht. Denn auch wenn das Allgemeine Gleichstellungsgesetz (AGG) generell eine Anpassung hinsichtlich des Umgangs mit sexueller Identität (der Begriff der Transsexualität ist im AGG nicht explizit genannt) erfahren hat, so gilt im speziellen Falle der Transsexualität nach wie vor das TSG (Transsexuellengesetz) aus dem Jahr 1980.

Dass hier dringender Reformbedarf besteht, hat sowohl das Bundesverfassungsgericht als auch der europäische Gerichtshof mittlerweile mehrfach angemahnt und entsprechende Gerichtsentscheide hervorgebracht. Die rechtlichen Grundlagen anzupassen, ist selbstverständlich ein elementar erforderlicher Prozess, um eine faktische Gleichstellung auf Basis der Gesetzgebung durchsetzen zu können.

Noch viel größer als die Realisierung der Anforderungen an die internationale Gesetzgebung ist jedoch sicherlich die Aufgabe, die Realisierung der faktischen Gleichstellung auch in den Köpfen der Menschen zu bewirken. Da besteht noch sehr viel Nachholbedarf, auch bzw. erst recht im Hinblick auf die eingangs erwähnte Lebens-Arbeits-Zeit in den Unternehmen. Hier ist allen voran immer zuerst die Geschäftsleitung gefordert, sich dem Thema LGBTI gegenüber modern und zukunftsorientiert zu zeigen. Der Fisch stinkt bekanntermaßen vom Kopf her und das gilt im Sinne der Unternehmenskultur und des Umgangs unter den Kolleg*innen erst recht im betrieblichen Umfeld. Negative Einflüsse wirken sich auf Motivation und Leistungsfähigkeit aus. Das ist spätestens seit den sich wandelnden Ansprüchen an eine Work-Life-Balance ab der „Generation X" kein Geheimnis mehr. Etliche Unternehmen beschäftigen genau aus diesem Grund bereits Mitarbeiter*innen, deren primäre Aufgabe darin besteht, den Kolleg*innen das Arbeiten so angenehm wie möglich zu machen. Sie heißen „Feel-Good-Manager", „Corporate Culture Coordinator" oder „Beauftragte*r für Well-Being", organisieren das soziale Onboarding neuer Mitarbeiter*innen, kümmern sich um die Einrichtung von Entspannungsecken, planen Tischtennis-Turniere oder Social Days und sitzen mit den Kolleg*innen bei Feierabendrunden zusammen, um das soziale Miteinander zu stärken und eben genau diese negativen Einflüsse rechtzeitig zu erkennen und zu eliminieren.

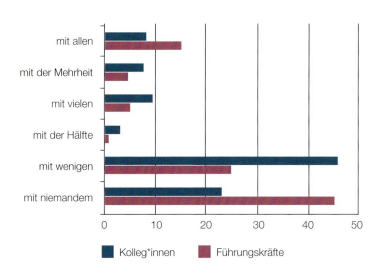

Mit wie vielen Kolleg*innen bzw. Führungskräften sprechen Sie offen über Ihre sexuelle Identität (n=290)

Im Falle von trans* Beschäftigten ist das allerdings eher der seltenere Fall. Die Antidiskriminierungsstelle des Bundes hat 2017 zusammen mit der Hochschule Fresenius und dem IDA *(Institut für Diversity und Antidiskriminierung)* eine der in Deutschland immer noch raren Studien *(Download unter http://bit.ly/2KqDT4a)* zu LGBTI -Themen durchgeführt.

Die Ergebnisse der Untersuchung zur Arbeitssituation von schwulen, lesbischen, bisexuellen und trans* Beschäftigten zeigen im Vergleich zur ersten Befragung 2007 zwar Verbesserungen, allerdings sprechen immer noch 69 % der transidenten Mitarbeiter*innen mit keinem oder nur wenigen Kolleg*innen offen über ihre Geschlechtsidentität. Dasselbe gilt in der Offenheit gegenüber Führungskräften, auch hier halten 70 % mit ihrer Situation hinter dem Berg.

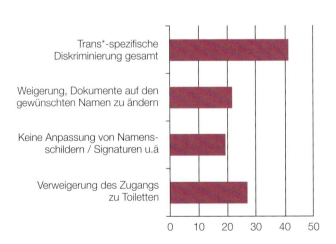

Wegen meiner Geschlechtsidentität habe ich schon erlebt (n=285)

Liegt es daran, dass sie sich nicht sicher genug fühlen? Auch hier liefert die Studie Antworten, über die sich die HR-Verantwortlichen in Unternehmen Gedanken machen sollten:

76 % der rund 3000 insgesamt Befragten haben angegeben, generell Diskriminierungen ausgesetzt zu sein. Über 40 % der trans* Beschäftigten haben trans*-spezifische Diskriminierung erfahren. Mehr als jeder vierten trans* Person (26,7 %) wurde der Zugang zu Toiletten ihrer Wahl verwehrt. Einem Fünftel aller befragten trans* Personen wurden Namensschilder oder Signaturen nicht angepasst oder die nachträgliche Änderung von Dokumenten auf den gewünschten Namen verweigert.

Dass hier sogar im beruflichen Umfeld gesetzliche Vorgaben bewusst verletzt werden, zeigt einmal mehr als deutlich auf, wie weit der Weg einer Gleichstellung in die Köpfe der Menschen tatsächlich noch ist. Umso wichtiger ist es, dass Arbeitgeber dieses Mindsetting durch entsprechendes Vormachen und Vorleben aktiv beeinflussen. Es sind die Bergführer*innen gefragt und nicht die Bergmanager*innen, um es mit dem Vergleich von Karl Pilsl zu umschreiben. Es sind die Führungskräfte gefragt, die sich aktiv mit der Erstellung und Umsetzung von Maßnahmenplänen für trans* Beschäftigte auseinandersetzen und zusammen mit den betroffenen Mitarbeiter*innen und den weiteren Betriebsangehörigen den Weg einer Transition gehen. Das sind die Bergführer*innen, die sich Aufgaben gestellt und diese bearbeitet haben. Sie wissen dann, wovon sie reden und werden als Gesprächspartner*innen von den Betroffenen ernst genommen und akzeptiert.

In der Realität sind aber oft die Bergmanager*innen unterwegs. Sie haben sich mit dem Helikopter auf den Gipfel fliegen lassen und wollen dann den anderen Anweisungen erteilen, wie sie durch die Steilwand zu steigen haben. Dass sowohl fehlendes Engagement wie auch fehlende Erfahrung schnell bloßgestellt sind, ist nur logisch und für eine vertrauensvolle Zusammenarbeit nicht unbedingt förderlich. Dabei gibt es viele Möglichkeiten, erfahrene Dienstleister*innen und Servicestellen als Kooperationspartner mit an Bord zu nehmen und Know-how nach Erfordernis ins Unternehmen zu holen. Damit wird nicht nur viel Recherchearbeit erspart, sondern auch eine entsprechende Reaktionsfähigkeit und Aktualität sichergestellt. Denn auch beim Thema Transidentität gibt es eine breite Palette von Unterstützungsmaßnahmen, die manchmal auch gar nicht auf den ersten Blick als solche erkennbar sind.

Fangen Sie zum Beispiel an, Presseartikel zum Thema aktiv im Intranet zu verlinken oder passende Fachbeiträge aus HR-Medien in regelmäßigen Abständen auf dem „Schwarzen Brett" zu platzieren. Damit signalisieren Sie als Unternehmen bereits mit wenig Aufwand, dass Sie sich mit LGBTI-Themen auseinandersetzen. Suchen Sie sich lokale bzw. regionale Interessensverbände als Verbündete. Auskünfte über Aktivitäten in Ihrer Region erhalten Sie zum Beispiel bei der Deutschen Gesellschaft für Transidentität und Intersexualität e.V. *(www.dgti.de)* oder dem Bundesverband Trans e.V. (*https://www.bundesverband-trans.de).*
Schulen und sensibilisieren Sie Führungskräfte und veranstalten Sie Workshops, die z.B. Betroffene, Kolleg*innen und Vorgesetzte in lockerer Atmosphäre – durch eine/n Trainer*in begleitet – an die neuen Gegebenheiten herantasten lässt. Denn im Grunde geht es um eine Situation, die mit der Pubertät vergleichbar ist: Die trans* Person lernt, sich mit dem nun öffentlich präsentierten Geschlecht auch im sozialen und insbesondere im beruflichen Umfeld zurechtzufinden (was auch bei Teenagern manchmal in überzogenen Reaktionen oder auffälligen Outfits resultiert) und das Umfeld lernt, mit den Veränderungen umzugehen, die jetzt so plötzlich einfach „da sind", und sie zu akzeptieren.

Diese „Erwachsenen-Pubertät", die übrigens viele trans* Personen im Zuge der hormonellen Umstellung beschreiben und durchmachen, trifft aber eben nicht nur diese Betroffenen selbst, sondern aus anderer Sichtweise heraus betrachtet auch das Umfeld: Das erste Mal mit einem trans* Menschen konfrontiert, fühlt man sich wie ein Teenager auf dem Weg ins Erwachsenenleben und versucht, herauszufinden, wie weit man wo gehen kann. Es fühlt sich an, wie auf rohen Eiern zu gehen und das nächste Fettnäpfchen wartet schon. Was kann ich fragen? Was darf ich sagen? Wie soll ich mich verhalten? Bei „echten" Teenagern übernehmen die Eltern in der Regel die Rolle der Korrigierenden, die zurechtweisen, wenn z.B. Fragen gestellt werden, die unangebracht sind. Erwachsene Kolleg*innen oder Bekannte aber fragen schon mal mangels des entsprechenden Feedbacks Dinge, die in einer handfesten Diskriminierung enden und bei Teenagern einen ordentlichen Rüffel auslösen können. Oder würden Sie Ihrem Junior kommentarlos durchgehen lassen, vor allen anderen Anwesenden danach zu fragen, ob sich die Person gegenüber ihre Gebärmutter schon hat herausoperieren lassen oder ob der Penis noch da ist? Solche Situationen, die ganz nebenbei das Betriebsklima in Sekundenbruchteilen in den Keller fahren, können durch passende Kommunikation und Information im Vorfeld leicht verhindert werden.

Neben der Feinjustierung der „Softskills" sind noch viele weitere Stellschrauben denkbar, um betroffene Mitarbeiter*innen zu unterstützen. Da der Weg einer Transition durchaus kostenintensiv ist, helfen zum Beispiel Maßnahmen wie die sozialversicherungsfreien Zusatzleistungen, die mit entsprechend finanzrechtlich korrekter Umsetzung für rechtsanwaltliche Beratung, Vollmachten oder persönliche Anschaffungen verwendet werden können. Eine weitere Möglichkeit ist die Gewährung eines zinslosen Arbeitgeberdarlehens für die Erstellung des für die Personenstandsänderung erforderlichen Gutachtens. Und nicht zuletzt erleichtert die schnelle Vermittlung von Berater*innen, Anwält*innen, Mediziner*innen oder Kliniken, die nicht blockieren, sondern kooperieren, den Betroffenen das Leben massiv. Denn sogar bei dieser Klientel, die sich selbst gerne in einer gesellschaftlich etablierten Position wähnt und der schon alleine daraus eine gewisse Tagesaktualität abverlangt werden könnte, sind Ressentiments gegenüber LGBTI-Personen noch immer an der Tagesordnung. Erst mit den aktuellen Änderungen im neuen Katalog der Krankheitsklassifikationen ICD-11 wird die Weltgesundheitsorganisation aufgrund wissenschaftlicher Erkenntnisse voraussichtlich ab 2022 den Zusammenhang „psychisch krank" und „transgender" aufheben und nicht mehr unter der Rubrik „Psychische Störungen" sondern unter der Rubrik „Sexueller Gesundheitszustand" führen. Bis zur offiziellen Aufhebung dieses Stigmas „krank" und damit „heilbar" müssen sich trans* Personen immer noch von Gutachter*innen, die noch in den Ansichten der 70er Jahre feststecken, in teilweise demütigenden „Verhören" bescheinigen lassen, dass sie es mit der Geschlechtsanpassung ernst meinen.

Es ist nicht nur ein Akt der Menschlichkeit, belasteten Mitarbeiter*innen Unterstützung anzubieten. Es hat auch handfeste betriebswirtschaftliche Auswirkungen, gute Mitarbeiter*innen zu verlieren. Selbst wenn diese*r Mitarbeiter*in aufgrund der geschlechtsangleichenden Operationen für ein paar Wochen nicht am Arbeitsplatz ist, kommt eine unbesetzte Stelle bei einer durchschnittlichen Vakanzzeit von 107 Tagen *(statista, 2019)* deutlich teurer.

Und letztendlich ist es im Zuge des Fachkräftemangels auch eine Frage der Positionierung am Arbeitsmarkt. Die Big Player haben das schon längst erkannt und zeigen sich jedes Jahr auf der „Sticks and Stones" LGBTI-Job- und Karrieremesse in Berlin. Sind Sie als Arbeitgeber modern und zukunftsorientiert genug aufgestellt, um im harten Kampf um gute Mitarbeiter*innen ebenfalls punkten zu können? Das funktioniert selbst als kleiner Betrieb sehr gut, wenn Sie sich Ihrer gesellschaftlichen Aufgabe als Unternehmer*innen/Unternehmen bewusst sind und sich aktiv damit auseinandersetzen, Ihren Mitarbeiter*innen ein angenehmes Arbeitsumfeld zu schaffen. Dafür brauchen Sie nicht zwingend eigene „Feel-Good-Manager", die im

Übrigen meist selbst noch gar nicht mit dem Thema „Transgender" vertraut sind, sondern zuallererst die richtige Einstellung.

Für alles andere gibt es Spezialist*innen, die Ihnen dabei helfen, aus belasteten Mitarbeiter*innen wieder motivierte und leistungsfähige Mitarbeiter*innen zu machen. Legen Sie los, Sie wissen ja: auch der längste Weg beginnt mit dem ersten Schritt.

Mona Griesbeck

Jahrgang 1973
Mutter von zwei erwachsenen Töchtern

Handelsfachwirtin
Geschäftsführerin der c+w careandwork GmbH

Mein Lebensmotto:
„Werde was Du bist! Denn es gibt zwei wichtige Tage in Deinem Leben: der Tag an dem Du geboren wurdest und der Tag, an dem Du verstehst, warum."
Frei nach Mark Twain

www.care-and-work.com

MICHAEL MARTENS

„Wer in der Sprache nicht vorkommt, ist auch nicht im Bewusstsein."
Sokrates spricht mit seinem berühmten Zitat aus, was wir in unserer Gesellschaft täglich erleben.
Deshalb ist eine gendergerechte Sprache so wichtig, für die Akzeptanz von trans* Menschen und deren Weg zum Normalitätsprinzip.

Michael Martens

SICHTBARKEIT DURCH SPRACHE

Bewusstsein und Akzeptanz für geschlechtliche Vielfalt schaffen

Sprache. Schon eine tolle Sache. Gesprochen. Geschrieben. Gebärdet. Sprache hilft uns, Geschichten zu erzählen, uns auszutauschen, Begebenheiten festzuhalten. Kurz – Sprache ist einer der Hauptwege, über die wir kommunizieren. Die gleiche oder zumindest eine ähnliche Sprache zu nutzen ist dabei der Schlüssel, um uns mit anderen verständigen zu können. Spannend ist dabei, dass sich Sprache fortwährend verändert. Neue Wörter entstehen, neue Kombinationen werden gefunden und der Dativ ist dem Genitiv sein Tod. Einige Wörter kriegen eine andere Bedeutung, andere werden immer seltener oder auch gar nicht mehr genutzt. Jeden Tag kommen neue Nutzer*innen hinzu, andere verstummen. Sprache ist lebendig und entwickelt sich durch alle Menschen, die sie nutzen, weiter.

Diese Entwicklungen spiegeln zumeist gesellschaftliche Veränderungen wider. Das Wort Flugscham ist hier ein gutes Beispiel. Das Wort gab es bis vor kurzem nicht, aber es hat einigen Menschen gefehlt, um sich mitzuteilen. Bisher haben wir auch oft von globaler Erwärmung und Klimawandel gesprochen. Viele fangen nun an, das Wort Klimakrise zu verwenden, da es die Dringlichkeit und Gefahr stärker transportiert. Gleiches gilt natürlich im Bereich der Gleichberechtigung aller Geschlechter. Auch diese Entwicklungen ziehen natürlich nicht spurlos an der Sprache vorbei, sondern bringen neue Anforderungen mit sich.

Ein großes Thema ist Sichtbarkeit. Schon Sokrates soll gesagt haben: „Wer in der Sprache nicht vorkommt, ist auch nicht im

Bewusstsein." Wenn wir an eine Gruppe von Programmierern denken oder nach unserem Lieblingsmusiker gefragt werden, haben wir meist Männer vor Augen. Die geschlechtliche Vielfalt der Menschen, die Musik machen oder programmieren, wird nicht sichtbar, wenn das generische Maskulinum genutzt wird. Diese Sichtbarkeit beziehungsweise Unsichtbarkeit hat Auswirkungen. So zeigen Studien zum Beispiel, dass, wenn Berufe rein männlich vorgestellt werden, Jungs und Mädchen diese unterschiedlich bewerten.
Egal ob Astronaut, Pilot oder Verkäufer: In der männlichen Form wird diesen Berufen ein höherer Status zugesprochen und Mädchen empfinden sich als weniger geeignet für diese Tätigkeiten. Sobald von Pilotin und Pilot die Rede ist, bewerten Jungs und Mädchen die Berufe und ihre Eignung dafür gleich. Natürlich spielt das Vorkommen in der Sprache nicht nur für Kinder eine Rolle. Auch erwachsene Menschen möchten sich mit Berufen und Ämtern identifizieren können und wollen bei politischen Entscheidungen berücksichtigt werden – ganz egal, welches Geschlecht sie haben.

Es geht hierbei nicht nur um Frauen, die lange Zeit unsichtbar in der Sprache waren und auch heute noch viel zu oft nur mitgemeint sind. Auch nicht-binäre Menschen profitieren davon, in der Sprache vorzukommen. Eine schwedische Studie hat gezeigt, dass die Nutzung des geschlechtsneutralen Pronomens "hen" eine positive Auswirkung auf die Einstellung gegenüber der LSBTIQ*-Community sowie gegenüber Frauen hat.
Ein gendergerechter Sprachgebrauch kann also ein Bewusstsein für Vielfalt schaffen und die Akzeptanz erhöhen. Gerade für Organisationen, die sich selbst als offen und inklusiv verstehen, ist gendergerechte Kommunikation eine Form der gelebten Wertschätzung und eine aktive Positionierung für Vielfalt. Es wird nicht nur einmal im Jahr zu einem Event die Regenbogenfahne gehisst, sondern jeden Tag – in der internen wie in der externen Kommunikation – gezeigt, dass die Vielfalt der Mitarbeiter*innen, Kund*innen oder Einwohner*innen gesehen wird und willkommen ist.

Michael Martens

Jahrgang 1992

Berater bei Fairlanguage

Michael Martens ist Gründer des Startups Fairlanguage. Er berät Unternehmen und den öffentlichen Sektor rund um die Themen Sichtbarkeit von Frauen und weiteren Geschlechtern sowie gendergerechte Kommunikation.
Zudem ist er bei Fairlanguage verantwortlich für die digitale Produktentwicklung und Business Development.

Vor Fairlanguage hat Michael u.a. in Beratungs- und Leitungspositionen digitale Transformations-Projekte umgesetzt.
Er ist besonders gut darin, die Anforderungen von Nutzer*innen, dem Business und der Technologie unter einen Hut zu bringen. Michael, im Norden geboren, ist immer schnell beim Du und als digitaler Nomade oft im Zug zwischen Berlin, Hamburg und Kiel zu treffen.

Mein Lebensmotto:
„Es ist nie zu spät für eine glückliche Kindheit."
Erich Kästner

www.fairlanguage.com/author/michael/

DR. KLAUS VON PLOETZ

Ein interessanter Ansatz ist die Betrachtungsweise von Yin und Yang in der traditionellen chinesischen Medizin. Vor allem im Kontext mit dem Thema Transgender können sich daraus Ansatzpunkte und Hilfestellungen auf der Reise zu sich selbst ergeben, die spannend, interessant und vor allem sehr unterstützend wirken.

Ein Ausblick in die Kulturen indigener Völker wirft einen ganz neuen und anderen Blickwinkel auf das Thema Transgender, von dem wir in unserer westlichen Welt nur profitieren können.

Dr. Klaus von Ploetz

TRANSGENDER AUS ÄRZTLICHER SICHT

Das Gezeiten Haus Schloss Wendgräben ist mit seinem psychodynamischen und auch auf der traditionellen chinesischem Medizin (TCM) basierendem Konzept spezialisiert auf die psychosomatische, psychiatrische und psychotherapeutische Akutbehandlung von Erwachsenen, Jugendlichen und Kindern. Die Menschen, die bei uns zur Behandlung kommen, haben auch die innere Belastung, nicht mit ihrer Geschlechtszugehörigkeit zurechtzukommen und zu erkennen, dass sie das Thema Transgender anzugehen haben.

Psychosomatik bezeichnet in der Medizin eine ganzheitliche Betrachtungsweise und Krankheitslehre. Darin werden die psychischen Fähigkeiten und Reaktionsweisen von Menschen in Gesundheit und Krankheit in ihrer Eigenart und ihrer Verflechtung mit körperlichen Vorgängen und sozialen Lebensbedingungen in einer ganzheitlichen Sichtweise zusammengeführt.

Da die westliche Medizin mit all ihren wichtigen technischen Fortschritten zunehmend als eine funktionelle Medizin kritisiert wird, in der der Mensch eher als eine zu funktionierende Maschine behandelt wird, hat die Gezeitenhaus Klinik Schloss Wendgräben das Konzept der traditionellen chinesischen Medizin (TCM) als wichtige Ergänzung mitaufgenommen.

Das Grundkonzept der Klinik sieht vor, dass es vier Behandlungspfade gibt, die je nach Anfangsdiagnose die Möglichkeit der spezifischen Problemlösung in diesem Pfad anbietet. Dieser Pfad beinhaltet eine gut abgestimmte Abfolge von wirksamen Behandlungspassagen, deren Durchquerung eine gute Chance auf Behandlungserfolg darstellt. Die vier Behandlungspfade sind:

- Burnout, Depression und Lebensängste
- Impulsregulation, d. h. Umgang mit scheinbar unbeherrschbaren emotionalen Impulsen wie Kaufen, Essen, Psychostimulanzien oder Medien
- Chronischer Schmerz, Hyperalgesie
- Trauma, Posttraumatische Belastungsstörung

Transgender wurde in letzter Zeit zu einer Beschreibung für Menschen, die sich mit ihrem ursprünglichen Geschlecht nur unzureichend oder gar nicht identifizieren, oft ihr biologisches Geschlecht als falsch empfinden und sich nicht damit abfinden können, in dieser Rolle auch entsprechend zu funktionieren. Dieses Erleben, sich nicht in dieser Haut wohlfühlen zu können, beschreibt eine problematische Lebensenergie, die als nicht lebenswert empfunden wird. Dieses Unbehagen am eigenen Geschlecht wirkt sich auch ganzheitlich auf den gesamten Menschen aus. Was diese Menschen zunächst nur an ersten unspezifischen Missempfindungen erleben, wirkt zunächst nur als reines Oberflächenerleben. Die Oberfläche kann nicht immer das eigentlich darunterliegende Wesen der Dinge aufdecken. Wer auf dieser Ebene in der Medizin bleibt, riskiert eine nur oberflächliche Behandlung.

Die Psychosomatik beschäftigt sich grundsätzlich mit Oberflächenphänomenen in der Medizin. Zum Beispiel mit immer wieder auftretenden Problemen der Haut, wie z.B. Neurodermitis, die zunächst nahelegen, es handele sich um ein lokales Problem der Haut. Das Jucken auf der Haut kann als Verursachung den Mückenstich haben, aber auch der oberflächliche Ausdruck eines tiefliegenden allergischen Prozesses sein.

Im ersten Fall wird die Zuordnung leicht sein, im zweiten Fall wird es einen langwierigen Prozess bedeuten, hier auch die seelischen Zusammenhänge zu entdecken. Dieser Prozess wird von immer wieder auftretender Hilflosigkeit geprägt werden, verbunden mit hoher Stressanfälligkeit.

Die so scheiternden üblichen Behandlungsformen der Haut bringen dann die psychosomatische Medizin ins Spiel, die die tieferen Zusammenhänge zwischen Psyche und Haut, aber auch das Unbehagen an der eigenen Geschlechtszugehörigkeit untersucht und behandelt. Die Oberfläche meint hier die Prozesse, die Menschen äußerlich sehr belasten und die sie in aller Regel zunächst auf keine einfache Ursache zurückführen können. Die Psychosomatik ist so von frühen Prozessen früherer kindlicher Entwicklung begleitet, in der das Kind zunächst als Säugling von hochintensiven körperlichen Empfindungen überflutet und überwältig wurde und keine andere Möglichkeit kennt, als zu schreien oder sich körperlich in einem Zustand maximaler Unbehaglichkeit zu erleben.

Die Entwicklungs- und Reifungsvorgänge des gesunden Kindes werden als fortlaufender Prozess der Toleranz gegenüber diesen überflutenden körperlichen Empfindungen, als Desomatisierung, also nicht nur bloße körperliche Empfindung zu sein, beschrieben, d. h. einer fortlaufenden Entflechtung von körpernahen Reaktionsweisen zu einem eher bewussten, seelisch einfühlbaren und sprachlich verständlich mitgeteilten Verhalten. Neugeborene reagieren bevorzugt körperlich unkoordiniert, unbewusst und primärprozesshaft. Durch Reifung des Ichs im Laufe der Zeit wird eine psychisch bewusste sekundärprozesshafte Verarbeitung erlernt.

Unter bestimmten Bedingungen kann dieser Prozess der Reifung und der Toleranz dem rein Körperlichen gegenüber sich umkehren und zur Resomatisierung werden. Zum Beispiel kann es durch besonderen seelischen Druck oder Angst zu einer Resomatisierung kommen. Dies äußert sich in somatischen (körperlichen) Beschwerden, die oft wie oberflächlich erscheinen. Es handelt sich also bei der Resomatisierung um ein Phänomen, das kindliche Prozesse (das Erleben des „inneren Kindes") zurückholen kann.
Dieser Prozess der Resomatisierung, dem plötzlichen Auftreten starker körperlicher Symptome, wird oft als sehr quälend erlebt, das

vegetative System reagiert mit deutlichen Zeichen im Sinne eines fortlaufenden Stresses. Die oft zu sehenden Reaktionen sind der Versuch, schnelle Entlastung zu erreichen, um den tiefverankerten emotionalen Prozessen der Resomatisierung zu entkommen.
Es werden Mittel der Eigenbehandlung gewählt wie Rückzug, Erschöpfung oder Betäubung durch Sport, Alkohol, Drogen, Medien, Essen oder Kaufzwänge.

Die traditionelle chinesische Medizin (TCM) geht zuerst von ganzheitlichen Beschwerdebildern aus, die nicht immer mit den Diagnosen der westlichen Schulmedizin übereinstimmen. Die TCM erfasst den Menschen ganzheitlich, aber in diesem Ganzen ist das Gegensätzliche, das Polare, in einer sehr tiefen Weise angelegt. Im Zentrum steht der Gegensatz zwischen Yin und Yang, oft übersetzt als die Polarität zwischen dem Weiblichen und dem Männlichen.
Yin heißt in der deutschen Übersetzung „Schattenseite des Berges" bzw. „schattige Uferseite des Flusses", Yang bedeutet übersetzt „Sonnenseite des Berges" bzw. „sonnige Uferseite des Flusses". Yang ist das aktive, Impulse gebende Prinzip und wird als männlich bezeichnet. Es steht für Sonne, Tag, Licht und Bewegung. Yin verkörpert die passive, nach innen gerichtete Energie und gilt als weiblich. Yin steht für Nacht, Dunkelheit und Stille.

Diese beiden Begriffe scheinen zunächst klar und unmissverständlich. Bei näherem Hinsehen merkt man, dass die Mehrheit der westlichen Autoren von absoluten Gegensatzpaaren ausgeht. Yin und Yang sind aber nicht ausschließende, sondern sich ergänzende Begriffe bzw. Kräfte.
Das eine ist ohne das andere nicht denkbar. Sie beschreiben Zustände, die nicht starr oder absolut sind, sondern sich immer wandeln können. In jedem Yin ist ein Anteil Yang enthalten und umgekehrt.
Yin und Yang sind damit keine unüberbrückbaren Gegensätze. Zudem bedingen sie sich gegenseitig: ohne Yin kein Yang und umgekehrt. Mal dominiert das eine, mal das andere, doch sollten bei-

de stets in einem ausgewogenen Verhältnis stehen. Befinden sich beide Prinzipien im Gleichgewicht, können die Energien ungehemmt fließen – dies führt zu einer inneren Vollkommenheit. Die zunächst vorgestellten Polaritäten sollen zusammengeführt werden, um sich zu ergänzen und so etwas Neues, ein Ganzes, zu erzeugen.

Die Lehre der Fünf Elemente (Holz, Feuer, Erde, Metall und Wasser) ist ein zentraler Bestandteil der chinesischen Sicht auf die Welt, entwickelt vor über 2000 Jahren. Abgeleitet aus der Beobachtung der Natur, dient es zur Beschreibung der Wechselwirkungen zwischen Mensch und Umwelt ebenso wie zwischen den einzelnen Organen innerhalb des menschlichen Organismus.
Je nach Zusammenhang können die Fünf Elemente oder Fünf Wandlungsphasen (wörtlich: die Fünf Wandernden) gesehen werden als fünf Materialien, fünf archetypische Grundkräfte, fünf Phasen zyklischer Wandlungsprozesse, fünf Anteile eines lebendigen Systems, die sich gegenseitig beeinflussen – oder als all das zugleich.

Unter dem Blickwinkel des Transgender bekommt die Gemeinsamkeit der Gegensätze von Yin und Yang eine zusätzliche Bedeutung, die wir eigentlich schon in der Entwicklungsgeschichte des ungeborenen Kindes im Mutterleib wiederfinden. Zu Beginn der Embryonalentwicklung zeigt der Embryo zunächst noch kein Geschlecht. Die Entwicklung des männlichen und weiblichen Embryos läuft innerhalb der ersten sieben Wochen identisch ab, obwohl das Geschlecht auf chromosomaler Ebene natürlich schon bei der Befruchtung festgelegt wird. Für die Entscheidung, welches Geschlecht der Embryo ausbilden wird und somit welche Genitalien angelegt werden sollen, ist lediglich entscheidend, ob ein Y-Chromosom vorhanden ist oder nicht. Jeder Embryo trägt sowohl weibliche als auch männliche Geschlechtsanlagen in sich – er ist also intersexuell.
Es spielen auch dieselben Hormone und sogar dieselben Gene bei der Geschlechtsentwicklung eine Rolle. Die Herausforderung für jeden Embryo lautet also, eine zwitterhafte und unklare Ausgangslage

mehr in die männliche oder mehr in die weibliche Richtung zu lenken. Häufiger passiert das nicht eindeutig. Dann wird ein Baby geboren, das zwischen den Geschlechtern steht. Wird zum Beispiel ein bestimmtes Gen häufig abgelesen, bilden sich weibliche Organe. Wird es nur selten abgelesen, kommt das männliche Potential zum Zuge. Ob die Geschlechtsorgane später groß oder klein sind, im Farbton heller oder dunkler sind – die Natur kennt hier viele Spielarten. Sie arbeitet mit fließenden Übergängen. Wir kommen zwar meist klar erkennbar als Mann oder Frau zur Welt – dennoch fühlen sich manche Menschen männlicher oder weiblicher, andere haben einen eher männlichen oder weiblichen Körper und wieder andere fühlen sich irgendwo zwischen den Geschlechtern.

Alles ist natürlich. Wie natürlich wir unsere sexuelle Ausrichtung leben können – das ist dann eine Frage der Erziehung und der Kultur. Manche Kulturen kennen schon lange mehr als nur zwei Geschlechter.
Bei den nordamerikanischen Indianern gibt es die „Two-Spirit-People", meist biologische Männer, die aber auch typisch weibliche Verhaltensweisen zeigen und die mit anderen Männern Sex haben können, ohne als homosexuell angesehen zu werden.
Das Volk der Bugi auf der indonesischen Insel Sulawesi unterscheidet fünf Geschlechter. Neben normalen Frauen und Männern gibt es die Calalai, anatomische Frauen mit typisch männlichen Vorlieben und die Calabai, anatomisch Männer mit typisch weiblichen Vorlieben. Das fünfte Geschlecht nennt man Bissu – es sind Menschen, die weder eindeutig Mann noch Frau, sondern eine Kombination von beidem sind. Sie haben ihre eigene Kleidung, können anatomisch weiblich, männlich oder intersexuell sein und gelten als Mittler zwischen den Menschen und den Geistern.

Transgender umschreibt eine große Spannbreite in der Entwicklung des Geschlechts, die damit die Polarität des Entgegengesetzten enthält und gleichzeitig die gemeinsame Spannung dazu aufbaut. In der traditionellen chinesischen Medizin haben die körperlichen Aspekte immer auch einen geistigen Bezug. Die Körperseele Po gehört zur Lunge und stellt einen Yin Aspekt und damit den leiblichen Bezug des Geistes Shen dar. Shen repräsentiert die psychischen, emotionalen und instinktiven Kräfte des Menschen, es stellt damit eine Essenz des Körperlichen dar.

Da die Körperseele auch für das Schmerzempfinden verantwortlich ist, was zu Schmerzüberempfindlichkeit oder im Gegensatz dazu auch zur Unempfindlichkeit gegenüber Schmerzen führen kann. Menschen, die sich selber verletzen, in dem sie sich beispielsweise mit einem Messer tiefe Schnitte zufügen, zeigen eine massive Störung des inneren geistigen Gleichgewichts und damit ihrer tiefen Körperwahrnehmung, das auch das Gefühl beinhaltet, in einem falschen Körper zu stecken. Sie verletzen sich selber, um sich wenigstens im Schmerz spüren zu können. Der Körper ist so der einzige Ort, in dem das Eigene, das Leibliche gespürt werden kann, als der Raum, in dem auch die eigene Existenz als Lebensenergie, die die TCM als Qi bezeichnet, gelebt werden kann.

Transgender wird so zu dem Feld, in dem gegensätzliche Energien versammelt werden, als der Durchgang des Polaren, in dem die eigene Klarheit der inneren Zugehörigkeit erst gefunden wird. Das Zerrissene, das Transgender für den Betroffenen und die Betroffene werden kann, wird so auch der körperlich-geistige Raum, in dem auch das Rad des Leidens aufhören kann, in dem die Balance der verschiedenen Elemente erreicht wird. Transgender wird so gleichzeitig das Problem und die Lösung zugleich. Die ärztliche Behandlung von Transgender wird so zu einer intensiven Entdeckungsreise der inneren körperlichen und geistigen Spannung und ihrer oft dramaturgischen Lösung.

Dr. med. Dr. phil. Klaus von Ploetz

Nach der Waldorfschule Studium der Medizin, Philosophie (Schüler von Ernst Bloch), Politik, Geschichte.

Zwei Promotionen über Michel Foucault und Ludwig Feuerbach. Gaststudent an der Kunsthochschule Stuttgart in Glasklasse bei Prof. Hans Gottfried v. Stockhausen und Professor Johannes Hewel.

Facharztausbildung in Neurologie und Psychiatrie, Kinder- und Jugendpsychiatrie sowie in psychotherapeutischer Medizin. Psychotherapeutische Ausbildung in Transaktionsanalyse, systemischer Familientherapie und Psychoanalyse.

Mitarbeit in der Freeclinic Heidelberg,
Hafenarbeiter in New Orleans,
Arzt bei den Flying Doctors
South Australia in Adelaide,
Oberarzt in der Psychosomatischen
Klinik Bad Herrenalb,
Chefarzt in der Fachklinik am Kyffhäuser,

2008 Chefarzt der Klinik Bad Herrenalb.

Seit 2017 Chefarzt der Gezeitenhaus Klinik Schloß Wendgräben.

www.gezeitenhaus/schloss-wendgraeben4.html

DIPL.-PSYCH. EVA HEIMKE

Das Thema Transgender ist bei vielen Psychotherapeut*innen noch nicht wirklich angekommen, obwohl ihnen beim Begutachtungsprozess und der begleitenden Therapie eine wichtige Rolle zukommt. Umso wichtiger ist es, dass die Psychotherapie im Kontext transgender* Standards entwickelt und vor allem eine einheitliche Sprache findet.

Im Folgenden gibt Psychotherapeutin Eva Heimke einen Einblick in den Themenkomplex Transgender aus psychotherapeutischer Sicht.

Dipl.-Psych. Eva Heimke

ERFAHRUNGEN VON UND MIT TRANS* MENSCHEN IN DER PSYCHOTHERAPIE

Dieses Buchkapitel entstand infolge der oft gelesenen Bitte von trans* Menschen, mit ihnen statt über sie zu sprechen. In den sozialen Medien wie u.a. bei Twitter werden sonst unhörbare Stimmen laut, die von vielfältigen und oft leider entmutigenden Erfahrungen Betroffener mit Ärzt*innen und Psychotherapeut*innen berichten – meistens geht es dabei um den unterschiedlichen Wissensstand zwischen Patient*innen und Behandler*innen sowie um Fragen der Selbstbestimmung, des respektvollen Umgangs miteinander und der Toleranz, inwiefern andere Lebensmodelle als das eigene akzeptabel und unterstützenswert sind – bis hin zur Frage, in welchem Ausmaß die Solidargemeinschaft die Kosten für Behandlungen für trans* Menschen übernehmen sollte. Die nachfolgenden Überlegungen stützen sich auf eine Recherche unter deutschsprachigen trans* Menschen auf Twitter, welche dankenswerterweise ihre Erfahrungen, ihr recherchiertes Wissen und ihre Forderungen entweder öffentlich zugänglich gemacht oder der Autorin im Schriftkontakt übermittelt und die Nennung hier erlaubt haben.

Wie ist Transidentität aus psychiatrisch-psychotherapeutischer Sicht definiert?

Laut der seit 2018 von der Arbeitsgemeinschaft der Wissenschaftlichen Medizinischen Fachgesellschaften e.V. veröffentlichten Leitlinie „Geschlechtsinkongruenz, Geschlechtsdysphorie und Trans-Gesundheit: S3-Leitlinie zur Diagnostik, Beratung und Behandlung" meint der Begriff Trans* „Menschen, deren Geschlecht nicht (bzw. nicht komplett und/oder dauerhaft) mit ihren körperlichen Merkmalen übereinstimmt." Viele Betroffene kritisieren diese Definition als transfeindlich, da sie impliziert, körperliche Merkmale würden die Geschlechtsidentität bestimmen. Felicia Ewert spricht von „geschlechtlichem Biologismus: dem Schluss vom Körper auf das Geschlecht und wiederum auf bestimmte Verhaltensweisen" *(Trans. Frau. Sein., 2018, S. 30)*. Trans* Menschen sind demnach Menschen, deren Geschlecht nicht (bzw. nicht komplett und/oder nicht dauerhaft) mit dem ihnen bei der Geburt zugewiesenen Geschlechtseintrag im Personenstandsregister übereinstimmt.

Auch das oft genutzte Narrativ „im falschen Körper geboren oder gefangen" wird von Betroffenen abgelehnt:

"A lot of trans people are not trapped in the wrong body. We are trapped in people's perceptions of our bodies." – *@dickgirldiaries*

Weiterhin heißt es in der Leitlinie „Der Begriff Trans soll sowohl Menschen berücksichtigen, die eindeutig als Frau oder Mann leben [...] als auch non-binäre Personen, die sich weder männlich noch weiblich identifizieren." Mit dieser Ergänzung sind erstmals nicht-binäre, abinäre oder nonbinary Menschen (auch Enbys, als verlautlichte Form der im englischsprachigen Raum üblichen Abkürzung nb oder Nibis im deutschsprachigen Raum als Neologismus aus den jeweils ersten Silben von nicht-binär genannt) ausdrücklich mit in die Betrachtung eingeschlossen, womit der Entwicklung Rechnung getragen wird, dass die medizinische Forschung sowohl das binäre als auch das nur anhand von vermeintlichen körperlichen Geschlechtsmerkmalen definierte Konzept von Geschlechtlichkeit bereits aufgegeben hat. So gibt die Leitlinie verschiedene Studien an, innerhalb derer der Anteil nicht-binärer trans* Personen fast einheitlich bei ca. einem Drittel liegt. Die Definition der Leitlinie abschließend wird darauf hingewiesen, dass der bisher gültige Fachterminus des Transsexualismus *(ICD-10-Diagnoseschlüssel: F64.0)* in der internationalen Fachwelt bereits als überholt gilt: Geschlechtsidentität hat grundsätzlich erst einmal nichts mit der eigenen Sexualität zu tun, weshalb die Begriffe Trans und Sexualität auch nicht mehr verknüpft gehören. Stattdessen wird im DSM-5 *(APA, 2013)* von Geschlechtsdysphorie und in der ICD-11 *(WHO, 2018)* von Geschlechtsinkongruenz gesprochen, womit die seelischen Umstände bezeichnet werden, die aus einer Transidentität hervorgehen können.

Exkurs
Diagnostische Kriterien für eine Gender Dysphoria
(Geschlechtsdysphorie) bei Jugendlichen und Erwachsenen
im DSM-5:

A. eine seit mindestens sechs Monaten bestehende ausgeprägte Diskrepanz zwischen Gender und Zuweisungsgeschlecht, wobei sechs Einzelkriterien angeführt werden, von denen mindestens zwei erfüllt sein müssen:

1. Ausgeprägte Diskrepanz zwischen Gender und den primären und/ oder sekundären Geschlechtsmerkmalen (oder, bei Jugendlichen, den erwarteten sekundären Geschlechtsmerkmalen).[1]

2. Ausgeprägtes Verlangen, die eigenen primären und/oder sekundären Geschlechtsmerkmale loszuwerden (oder, bei Jugendlichen, das Verlangen, die Entwicklung der erwarteten sekundären Geschlechtsmerkmale zu verhindern).

3. Ausgeprägtes Verlangen nach den primären und/oder sekundären Geschlechtsmerkmalen des anderen Geschlechts.[2]

1.) An dieser Stelle ist zu diskutieren, ob das Wort „Geschlechtsmerkmale" nicht besser durch „Sexualorgane" oder „Reproduktionsorgane" zu ersetzen wäre, weil – wie weiter oben beschrieben – die Organe ja gerade nicht eindeutig über das Geschlecht Auskunft zu geben vermögen. In Tweets zu diesem Thema taucht immer wieder der wunderbare Ausdruck „Intimbausätze" auf.

4. Ausgeprägtes Verlangen, dem anderen Geschlecht anzugehören (oder einem alternativen Gender, das sich vom Zuweisungsgeschlecht unterscheidet).

5. Ausgeprägtes Verlangen danach, wie das andere Geschlecht behandelt zu werden (oder wie ein alternatives Gender, das sich vom Zuweisungsgeschlecht unterscheidet).

6. Ausgeprägte Überzeugung, die typischen Gefühle und Reaktionsweisen des anderen Geschlechts aufzuweisen (oder die eines alternativen Gender, das sich vom Zuweisungsgeschlecht unterscheidet).

sowie B. ein klinisch relevantes Leiden oder Beeinträchtigungen in sozialen, schulischen oder anderen wichtigen Funktionsbereichen.

Warum kommen trans* Menschen in Psychotherapie?

Auf diese Frage sollte die eigentlich Antwort lauten: In der Regel aus den gleichen Gründen, aus denen cis* Menschen (also Menschen, deren Geschlechtsidentität kongruent zu ihrem bei der Geburt zugewiesenen Geschlechtseintrag ist) sich auch in Therapie begeben – um Hilfe bei psychischen Störungen zu erfahren. Manchmal wissen die Betroffenen zu diesem Zeitpunkt schon, dass sie trans* sind, manchmal wissen sie es noch gar nicht oder sind sich darin noch nicht sicher. Manchmal steht die Transidentität in der Therapie im Vordergrund, meist aber geht es vorrangig um Depressionen, Angststörungen, Essstörungen und Schmerzstörungen sowie Schwierigkeiten in menschlichen Beziehungen und Partnerschaften.
Die realistischere Antwort ist aber wohl: Sie kommen oft schlicht,

---

2.) Hier ist zu bemängeln, dass es nicht „das andere" Geschlecht, sondern viele Geschlechter gibt, und diese von den betroffenen Menschen auch gar nicht durchgängig stabil empfunden werden müssen. In den anderen Unterpunkten wurde dies immerhin berücksichtigt.

Dipl.-Psych. Eva Heimke

weil sie es müssen! Zum einen, weil der Transitionsweg über das Transsexuellengesetz sie dazu zwingt, ihre im Gesetz bisher noch pathologisierte „Störung der Geschlechtsidentität" durch medizinisch-therapeutisches Fachpersonal bestätigen und versuchsweise behandeln zu lassen, bevor überhaupt der Zugang zu körpermodifizierenden Maßnahmen gewährt wird, und zum anderen, weil das Leben von trans* Menschen gepflastert ist mit Stolpersteinen, was zu verarbeiten und auszuhalten oft nahezu übermenschlicher Kräfte bedarf. Nicht selten werden die o.g. begleitenden psychischen Störungen durch Transfeindlichkeit im sozialen Umfeld der Betroffenen und in der Gesellschaft erst ausgelöst oder zumindest verschlimmert. Insofern verwundert es nicht, wenn früher oder später psychotherapeutische Hilfe benötigt wird. Hier erfolgt leider oft auch von Fachpersonen eine Verkennung von Ursache und Wirkung – mit verheerenden Folgen, wenn Betroffenen dadurch der Zugang zu gewünschten Behandlungen unnötig lange vorenthalten wird.

„Was für mich therapeutisches Arbeiten unabdingbar braucht und was ich jetzt schon sagen kann, ist: Einen Umgang finden mit dieser Situation von Abhängigkeit, die unweigerlich immer noch entsteht, kompetent umzugehen. In der S3-Leitlinie steht nicht, dass ich eine informierte Entscheidung treffen kann. Da steht, dass mir ein*e Mediziner*in oder ein*e Therapeut*in zustimmen muss."
– *anonyme Einsendung*

Stolpersteine im Leben von trans* Menschen

Das Übel beginnt schon während der Schwangerschaft: Manchmal ab der 12. Schwangerschaftswoche mittels Fruchtwasseruntersuchung oder Feinultraschall, bei den meisten Schwangeren spätestens um die 20. Woche herum, wird im Ultraschall u.a. nach den äußeren Genitalien des Fötus geforscht und den werdenden Eltern, sofern gewünscht, das mutmaßliche Geschlecht des Babys mitgeteilt. Bereits zu diesem Zeitpunkt beginnt die Zuschreibung der entsprechenden Geschlechtsrolle „weiblich" oder „männlich" auf den kleinen, noch nicht einmal geborenen Menschen durch dessen soziales Umfeld und die Gesellschaft.

Spätestens direkt nach der Geburt erfolgt dann durch eine medizinische Fachperson die Zuweisung zu einem der (bisher binären) Geschlechter aufgrund der äußerlich sichtbaren körperlichen Merkmale – dies wird innerhalb einer gesetzlichen Frist mittels des Geschlechtseintrags auf der Geburtsurkunde amtlich festgehalten und ist danach nur mit erheblichem Aufwand zu ändern, und auch nur, wenn medizinisches Fachpersonal dabei unterstützt – und all das, ohne dass abgewartet wird, wie der kleine Mensch sich selbst zum erlebten Geschlecht äußern wird.

Viel mehr Faktoren als nur die äußerlich sichtbare Ausprägung der primären Sexualorgane haben Einfluss auf die körperliche Entwicklung der Fortpflanzungsfunktionen und die Geschlechtsidentität – hier werden u.a. von Zobel *(in Naß et al., 2016)* beispielsweise Chromosomensätze, einzelne Gene und Hormone (sowohl während der Schwangerschaft auf den Embryo wirksame, als auch später im eigenen Körper gebildete) genannt, was viele verschiedene körperliche Kombinationen ermöglicht, von denen keine die seelische Geschlechtsidentität eindeutig definieren kann. Dabei ergibt sich für die intersexuellen Menschen, deren Genitalien sich nicht eindeutig dem binären „Geschlechtsschema" zuordnen lassen, immer noch sehr häufig die Gefahr, per ganz früher Operation „vereindeutigt" zu werden und damit u. U. einen Teil ihrer Identität und manchmal ihre Fortpflanzungsfähigkeit einzubüßen. Dies betrifft aktuell immer noch ca. 2000 Kinder jährlich in Deutschland *(vgl. Artikel von Loeffler auf buzzfeed.com)*. Eine politische Debatte, diese schädlichen Operationen zu erschweren, ist aktuell im Gange.

Ab der frühen Kindheit sind Menschen dann weiterhin den binären Geschlechterklischees ausgesetzt. Im Buch „Die Rosa-Hellblau-Falle" *(Schnerring und Verlan, 2014)* werden Rollenklischees, stereotype Darstellungen der Geschlechter sowie die ungleiche Ansprache und Behandlung der Menschen in Medien, Werbung, Familien und Bildungsinstitutionen behandelt und Überlegungen von Entwicklungspsychologie bis hin zur Gender-Pay-Gap dargestellt. Im dazugehörigen Twitter-Account @machmirdiewelt sowie unter dem Hashtag #RosaHellblauFalle sind zahlreiche Beispiele nachzulesen, wie viel Irritation und offene Abwertung Abweichler*innen von den gängigen Geschlechterklischees zu befürchten und auszuhalten haben, und auch Betroffene schildern den Konformitätsdruck als enorm, insbesondere, wenn sie als nicht-binäre Menschen im Begutachtungsprozess binär auftreten müssen:

„Als assigned male person (also bei der Geburt männlich einsortiert) spüre ich einen riesigen Druck, mich feminin zu verhalten und quasi dem transfemininen Stereotyp zu entsprechen. Ich denke, das ist ungefähr ähnlich wie bei cis* weiblichen Personen: Lange Haare, Röcke, weiche Körperbewegung wird erwartet. Ich trage lieber gerne punkige Kurzhaarfrisuren und Jeans und Lederjacken und spiele Kontaktsport. Butch-lesbisch und gender-non-conforming halt.

Ich sehe mich damit auch in trans* Räumen eher nicht so wieder. Ich merke, dass es noch sehr viel Arbeit zu tun gibt, bis Normen so durchbrochen sind, dass auch trans* Personen nicht gezwungen sind, sich gender-stereotyp zu verhalten.

An Therapeut*innen hier meine Bitte: Auch eine trans* Frau kann männlichen, butchigen Stereotypen entsprechen und trotzdem eine Frau sein. Und umgekehrt." – *Scout*

Auch die fehlende Repräsentation vielfältiger Rollenmodelle in den Medien wird von Betroffenen kritisiert:

„Die größte Belastung sind gesellschaftliche Normen, denen ich nicht entsprechen kann oder will. Es fühlt sich oft so an, als ob es Menschen wie mich gar nicht gibt, als ob ich komplett isoliert und allein wäre auf der Welt. Ich sehne mich nach Vorbildern, nach Repräsentation in Filmen, Musik, Büchern, der Populärkultur. Ich habe dann aber viel einfach das Gefühl, dass ich mein eigenes Vorbild sein muss, dass ich für mich selbst stark sein muss und neue Wege pfaden muss, damit ich und andere nach mir ein Gefühl von Richtung und Sicherheit haben können. Das ist sehr sehr anstrengend und belastend, aber auch eine große Chance, die ich um nichts in der Welt missen möchte." – *Scout*

Insbesondere Kinder haben bisher nur sehr wenige Vorbilder außerhalb des binären Geschlechtssystems und außerhalb der heteronormativen Zwei-Eltern-Familie in Kinderbüchern oder Filmen – meist auch nur dann, wenn im sozialen Umfeld oder in der Kinderbetreuungseinrichtung jemand für das Thema sensibilisiert ist und für entsprechende Kinderbücher oder Geschichten sorgt. Erst langsam gibt es nicht-binäre oder genderfluide oder agender Vorbilder unter Prominenten, auch trans* Personen sind nur vereinzelt bekannt.

Dementsprechend erfahren die Betroffenen in großer Mehrheit zunächst Irritation in ihrem sozialen Umfeld und darauf folgend oft die Abwertung ihrer ersten Äußerungen jenseits der binären heteronormativen Erwartung als „bestimmt ist das alles nur eine Phase", begleitet von dem Gefühl, damit völlig allein zu sein. Auch wenn sich eine große Mehrheit der trans* Kinder bereits im Vorschulalter gegenüber Eltern, Betreuer*innen und Freund*innen erstmals zu ihrem Geschlecht äußert *(vgl. Naß, 2016)*, ist die Entmündigung von trans* Kindern und Jugendlichen in Bezug auf ihre Geschlechtszugehörigkeit eher der Standardfall als die Ausnahme. Viel zu oft wird sogar

Dipl.-Psych. Eva Heimke

von medizinisch-therapeutischem Fachpersonal noch zum Abwarten der Pubertät geraten, welche durch hormonelle Einflüsse zu teilweise irreversiblen körperlichen Veränderungen führt, einschließlich der damit einhergehenden (und eigentlich frühzeitig verhinderbaren!) Dysphorie in Bezug auf den sich entwickelnden Körper, und damit auch die Chancen betroffener trans* Menschen, in der gewünschten Geschlechtsrolle zu „überzeugen" oder zu passen (von engl. „to pass as" – durchgehen als), erheblich eingeschränkt – nur um die Diagnose als hinreichend stabil betrachten zu können und ein mögliches Bereuen einer vermeintlich zu früh erfolgten Transition zu verhindern. Dabei wäre mit Hilfe von Pubertätsblockern ein Aufschub der körperlichen Veränderungen möglich, bis die Diagnosestellung als sicher gilt. Jenes Risiko der Reue wird übrigens in der aktuellen Leitlinie als gering (ca. 1 bis 3,8% der Betroffenen, je nach Studie) bewertet, mit geringer sozialer Unterstützung und mit ästhetisch nicht zufriedenstellenden Ergebnissen körpermodifizierender Maßnahmen erklärt und sei außerdem durch die Behandlung durch Expert*innen mit genügend Erfahrung weiter minimierbar.

Zum Vergleich für die Absurdität: Einer cis* Frau, der ein Bart wächst, wird zugestanden, dass sie sich damit nicht wohlfühlt, es wird teils sogar erwartet, dass sie ihn entfernt – und interessanterweise ist die Kostenübernahme der Hormonbehandlungen durch die Krankenversicherungen bei Wechseljahresbeschwerden oder Krankheiten wie Hirsutismus, polycystischem Ovarialsyndrom oder androgenitalem Syndrom völlig unstrittig, wobei die durch Hormonbehandlungen von trans* Personen entstehenden Kosten im Mengenvergleich deutlich geringer ausfallen dürften. Niemand würde cis* Menschen zu so einer körperlichen Entwicklung zwingen!

Neben dem Nicht-ernst-nehmen erster eigener Äußerungen zum nicht geburtsurkunden-konformen Geschlecht oder einer tiefen Irritation darüber müssen viele Betroffene sogar eine Sanktionierung von „geschlechtsuntypischem" Verhalten fürchten. „Du wirfst wie ein Mädchen", „Kleider sind nur für Mädchen da", „sie kloppt sich wie ein Junge" und ähnliche Geschlechterklischees führen zu massiver sozialer Ablehnung, erschweren ein Outing in jungen Jahren und lassen nur wenig Raum zum Ausprobieren. Der Twitter-Account @manwhohasitall betreibt Sensibilisierung für solche Geschlechterklischees, indem er typische an Frauen gerichtete Werbeslogans oder Ansprachen umdreht und die Absurdität solcher Zuschreibungen an ein Geschlecht so zum Vorschein bringt (dabei bisher aber bedauerlicherweise trans* und nicht-binäre Personen nicht beachtet):

„ALL MEN! Are you making simple family meals on a budget? Is algae part of your skincare regime? Are you filling your hallway with pleasing aromas all year long? ARE YOU?"
„TODAY'S DEBATE: Is it necessary for men themselves to be involved in the debate about vasectomies? Or would that be seen as pandering?"
„WAKEY WAKEY BUSY DADS! Wife and kids asleep? Now is a good time to conceal sadness, resentment and exhaustion with a really good moisturiser." – @*manwhohasitall*

Betroffene, die diesen Geschlechterstereotypen nicht genügen können oder wollen, sind mindestens struktureller Gewalt und Diskriminierung bis hin zu offenen Anfeindungen und körperlicher Gewalt ausgesetzt, letztere oft in der eigenen Familie, in der Schule oder auf der Straße:

„Warum ich als Enby immer noch ein cis* männliches Auftreten und Äußeres habe, obwohl ich es hasse, wenn ich allein unterwegs bin: Anfangs bin ich oft mit Make-up und fast glattrasiert rausgegangen, aber sobald ich das tue, werde ich angefeindet, und das macht mich nicht einfach nur emotional fertig, sondern ich hab auch einfach ehrliche Angst davor, dass mir irgendwann mal jemand aufs Maul haut – ausschließlich dafür, dass ich mich selbst offen auslebe. Wenn ich in der Straßenbahn ausgelacht und fotografiert werde, wenn Eltern ihren Kindern sagen, sie sollen mich nicht anschauen, obwohl sie mich bis eben noch fröhlich angelächelt haben... Das tut unfassbar weh. Und das sind nur die vergleichbar harmlosen Dinge. Deshalb trage ich Bart, deswegen trage ich Make-up nur zu Hause in meiner Wohnung und traue mich damit nur in Begleitung raus." – *@LiebesHns*

Während erfreulicherweise einige Betroffene bereits früh ernst genommen und im Transitionsprozess unterstützt werden und somit den meisten Diskriminierungssituationen frühzeitig zumindest größtenteils ausweichen können, gelingt es vielen trans* Menschen erst mit der finanziellen und örtlichen Ablösung vom Elternhaus, ihre Transidentität zu entdecken und auszuleben – nicht selten auch erst im fortgeschrittenen Erwachsenenalter und nach einer eigenen Familiengründung in der zugewiesenen Geschlechtsrolle.

„Ich sollte nicht einfach nur ein Mädchen sein, ich sollte eine bestimmte Art von Mädchen sein. Meine Mutter wünschte sich ein starkes, unabhängiges Mädchen, ich sollte zeitgleich nicht rumheulen und hübsch sein, meine Beine übereinanderschlagen wie eine Dame und auf Bäume klettern wie ein Wildfang. Ich sollte mit den „Waffen einer Frau" kämpfen, aber mich nicht sexualisieren lassen. Die Erwartungshaltung war trotzdem, dass ich heirate (natürlich einen cis* Mann!) und Kinder bekomme, aber zeitgleich auch noch eine vorzugsweise akademische Karriere mache und allen zeigen, was Frauen drauf haben, wenn sie sich nur selbst stark genug machen. Hosen tragen und maskulines Auftreten waren prima – aber bitte nur als Zeichen besonders starker Weiblichkeit. Als ich auch nach außen anzuzweifeln begann, ein Mädchen zu sein, hieß es sofort, dass sei nur eine Phase, in die ich mich nicht hineinsteigern solle. Ich sei ja schließlich normal." – *Nate*

Letzteres betrifft insbesondere Menschen, die in besonders intoleranten Umgebungen aufgewachsen sind, ihre Geschlechtsidentität unter größter Mühe vor sich selbst verleugnen oder bewusst vor anderen verstecken mussten und daher lange Zeit versuchen, die Klischees der ihnen zugewiesenen Geschlechtsrolle besonders gründlich zu erfüllen – quasi eine „Vorzeige-Frau" oder ein „Vorzeige-Mann" zu sein, bis die Verleugnung der wahren Geschlechtsidentität nicht mehr gelingt und zu einem psychischen Zusammenbruch führt. Der vom Transsexuellengesetz vorgegebene Scheidungszwang bei einer Transition mit vorangegangener Eheschließung dürfte dies weiter verschlimmert haben, wurde aber erst nach mehreren Jahrzehnten Praxis im Jahr 2009 vom Bundesverfassungsgericht gekippt.

Ein nächster bedeutsamer Stolperstein ist das Finden von Unterstützung auf dem Weg zur Transition:

„Habe meinen Therapeuten auf den Tipp eines Bekannten gefunden, der auch trans* ist, weil schlicht alle anderen Wege versagt hatten und praktisch niemand öffentlich macht ‚Ich habe Erfahrungen mit transgender Patient*innen'. Generell war, einen Therapieplatz zu finden mit Depressionen und mentalen Problemen, die einem Probleme mit Telefonieren geben, sehr anstrengend, weil man zig-mal zu ganz spezifischen Zeiten probieren muss und jedesmal erst fragen muss, ob es Erfahrung mit trans* Patient*innen gibt."
– @angry_izzy

Die Leitlinie empfiehlt den Austausch unter Betroffenen in Peer-Beratungen und den Kontakt zu Trans-Organisationen als ressourcenaktivierende Maßnahme und verlangt eine intensive Ausbildung und Selbstreflexion möglicher Ärzt*innen und Therapiepersonen, sofern Psychotherapie überhaupt notwendig ist. Gemäß der neuen Leitlinie ist dies nicht zwingend der Fall, und auch das Transsexuellengesetz schreibt nicht explizit eine Psychotherapie vor, jedoch sehen die Begutachtungsrichtlinien des Medizinischen Dienstes des Spitzenverbandes Bund der Krankenkassen e.V. bis heute eine Psychotherapie vor, bevor körpermodifizierende Maßnahmen von den Krankenversicherungen bezahlt werden:

Dipl.-Psych. Eva Heimke

„Transsexualität ist ein regelwidriger, vom Leitbild des gesunden Menschen abweichender Körper- bzw. Geisteszustand, bei dem eine innere Spannung besteht zwischen dem körperlichen Geschlecht und der seelischen Identifizierung mit dem anderen Geschlecht. Diese Spannung kann zu einem schweren Leidensdruck führen. Erst durch diesen Leidensdruck wird Transsexualität im Einzelfall zu einer krankheitswertigen Störung bzw. zu einer behandlungsbedürftigen Erkrankung im Sinne des Krankenversicherungsrechtes. Nur wenn psychiatrisch-psychotherapeutische Mittel das Spannungsverhältnis nicht zu lindern oder zu beseitigen vermögen, gehört es nach der Sozialrechtsprechung zu den Aufgaben der GKV, zur Linderung des krankhaften Leidensdruckes die Kosten für eine geschlechtsangleichende Operation zu tragen." – *Aus dem Artikel von Dr. med. Hans-Günther Pichlo über die Begutachtungsrichtlinien des MDS*

Abgesehen von der transfeindlichen, binären und völlig unnötig pathologisierenden Haltung in diesen Richtlinien erschwert die Versorgungslage in Deutschland den Prozess der Transition, denn wo und wie sind die geeigneten Therapiepersonen vor dem Hintergrund ohnehin sehr langer Wartezeiten auf Therapieplätze zu finden? Ohne entsprechende Vernetzung unter den Betroffenen gleicht es nahezu einem Glücksspiel, ob sich eine Therapieperson findet, die 1. überhaupt Erfahrung mit trans* Menschen besitzt, 2. per Weiterbildung auf dem aktuellen Stand der wissenschaftlichen Forschung ist, 3. transfreundlich eingestellt und zum Dazulernen motiviert ist und 4. überhaupt über freie Behandlungskapazitäten verfügt. Betroffene kritisierten, dass sie mitunter viele Anläufe brauchten, um Therapiepersonen zu finden, die auch nur eine dieser Bedingungen erfüllten, geschweige denn mehrere. Hier könnte ein Vermerk transfreundlicher Fachpersonen über bisherige Erfahrungen mit Behandlungen von trans* Personen auf der praxiseigenen Webseite oder eine Sammlung geeigneter Ärzt*innen und Therapeut*innen auf „weißen Listen" in Peer-Netzwerken Abhilfe schaffen.

Viele Ärzt*innen und Psychotherapeut*innen haben während ihrer Aus- und Weiterbildung nichts oder nur sehr wenig über Transidentität gelernt – und selbst wenn dies der Fall war, so ist die aktuelle Leitlinie noch weitgehend unbekannt und es wird nach den Vorgaben des Transsexuellengesetzes und nach den Richtlinien des Medizinischen Dienstes des Spitzenverbandes und der Krankenkassen e.V. beraten, begutachtet und behandelt, wenn nicht sogar durch veraltete und wissenschaftlich bereits verworfene Behandlungsmethoden (z.B. sogenannte Konversionstherapien) Schaden angerichtet:

„Sie propagieren als Therapieziel die Aussöhnung mit dem bei Geburt zugewiesenen Geschlecht oder verhindern für trans* Kinder und Jugendliche eine angemessene medikamentöse Versorgung. Die entstehende Gefahr für Behandlungssuchende kann gar nicht unterschätzt werden. Ihre psychische Situation verschlechtert sich – im schlimmsten Fall bis zur Suizidalität." – *Annette Güldenring, Sprecherin der AG Gesundheit des Bundesverbands Trans* und Fachärztin für Psychiatrie und Psychotherapie*

Wie in allen Bereichen der Gesellschaft gibt es auch unter Fachpersonen erhebliche Vorurteile gegenüber Betroffenen, selbst wenn sie diesen nicht bewusst schaden, sondern eigentlich helfen wollen:

„Aus der Insiderperspektive ist mir besonders eine Sache in Erinnerung geblieben: Wie sehr Psycholog*innen und Pfleger*innen über Patient*innen lästern. Ich habe selbst Psychologie studiert, bin trans* und autistisch, war aber mit beidem nicht geoutet, als ich das Praktikum in der Klinik gemacht habe. Von Sheldon-Cooper-Witzen bis zu semi-skeptischen Kommentaren à ‚naja, wir müssen die Person ja so nennen, aber eigentlich ist das doch komisch' war da alles dabei." – *Marko, @fuchswinter*

Selbst wenn die Betroffenen nicht an Therapeut*innen geraten, die solche zweifelhaften Therapien anbieten, besteht bei den Behandler*innen und Gutachter*innen oft ein Mangel im Wissen um den aktuellen Stand der Forschung sowie in der Bereitschaft, sich diesen anzueignen:

„Nicht nur sind Psychotherapeut*innen oft nicht gut ausgebildet für die Transthematik, Endokrinolog*innen sind es auch nicht immer. Und auch sonst niemand. Im Grunde haben die trans* Menschen nach 20 Stunden Internet-Lesen mehr Ahnung als die meisten Fachpersonen, und von denen dann abhängig zu sein, kann sehr frustrierend sein. Komorbiditäten werden oft nicht mitbedacht und das Trans-Sein von Menschen, die noch auf andere Art besonders sind, wird infrage gestellt. Das hilft niemandem. (Einer Bekannten von mir wurde wegen Borderline-Störung die Vornamensänderung verweigert. Jetzt erzählt sie noch mehr als vorher von Selbstmord.)"
– *Benjamin Wand, @benjaminwand*

„Insgesamt habe ich vor allem viel Ignoranz erlebt – konkret, was andere Diagnosen angeht: Eine Psychologin hat mich pauschal als Borderlinerin diagnostiziert und mir gesagt, bevor wir überhaupt daran DENKEN können, eine Transition anzufangen, muss ich alle meine anderen Störungen (Sozialphobie und Depressionen) ‚heilen'. In dem Moment, in dem ich erwähnt habe, dass ich Autist bin, wohlgemerkt. Die Autismusdiagnose hat an sich schon viel beigetragen: Alle (außer meiner jetzigen Therapeutin) haben mich merklich anders behandelt, als das Wort fiel. Oft mit Ablehnung, da ich als Autist anscheinend nicht wissen kann, dass ich trans* bin / was ich will. Meine jetzige Therapeutin ist da das komplette Kontrastprogramm: Sie ist selber cis*, kennt sich aber mega-gut mit Gendertheorie aus, benutzte sofort den richtigen Namen und hat auch Verständnis dafür, wie anstrengend das System oft ist. Gerade das Gefühl zu haben, Zweifel und Ängste bezüglich der Transition oder des eigenen Labels äußern zu können, ohne dass einem gleich die Unterstützung gestrichen wird oder man jenes ‚aha, war also doch nur eine Phase' bestätigt, ist super wichtig." – *Marko, @fuchswinter*

„Der MDK beschreibt immer wieder, dass Depressionen ein Ausschlussgrund sind, um die Behandlung von geschlechtsangleichenden Operationen zu genehmigen... ist, glaube ich, Teil der Richtlinien. Wie soll man nicht Depressionen bekommen, wenn man über die OP nur fremdbestimmt herumgeschubst wird?
Suizidgedanken... auch Ausschlussgrund. Ich habe meine Therapeuten nicht über meine Suizidgedanken informiert, aus Angst, der MDK könnte es erfahren." – *Nina Jaros, @Ninchen_ohne_Ka*

Die Leitlinie nimmt dazu recht klar Stellung: Es gibt keine absoluten Ausschlussdiagnosen, die ein solches Vorgehen rechtfertigen würden. Für alle psychischen Erkrankungen gilt, dass es schwer eindeutig nachzuweisen ist, ob diese vor dem Bemerken der Transidentität bereits vorhanden waren oder durch die entmutigenden Erfahrungen der Betroffenen gar erst entstanden oder zumindest verschlimmert worden sind. Insbesondere die Zahl der Depressionen, Anpassungsstörungen und Angststörungen geht nachweisbar zurück, sobald die Betroffenen Zugang zu den gewünschten Behandlungen haben, weil sich durch die generelle Unterstützung und Anerkennung des Geschlechts der Betroffenen endlich das Selbstwertgefühl stabilisiert und durch körpermodifizierende Maßnahmen das Passing erhöht wird, sodass weniger Ausgrenzung erfolgt. Vorsicht sowie ein längerer Beobachtungsverlauf seien nur geboten bei Schizophrenie, die einerseits geschlechtsdysphorische Symptomatik beinhalten, andererseits aber auch gleichzeitig zu Transidentität vorliegen kann, und bei Dissoziativer Identitätsstörung mit gemischt-geschlechtlichen Ego-States, aber auch bei massivem Substanzmissbrauch.

In der überwältigenden Mehrzahl der Fälle liegen diese psychischen Erkrankungen aber nicht vor, so dass die individuelle geschlechtliche Selbstbeschreibung der behandlungssuchenden Personen anerkannt werden sollte. Es wird darauf hingewiesen, dass den Behandlungssuchenden durch einen unnötig hinausgezögerten Diagnostikprozess negative gesundheitliche Folgen drohen.

Dipl.-Psych. Eva Heimke

Unglücklicherweise ist das Problem der mangelnden Aus- und Weiterbildung nicht leicht zu lösen: Der Prozess, seine eigenen internalisierten binären, heteronormativen, sexistischen und rassistischen Muster zu hinterfragen, ist sowohl schmerzhaft als auch langwierig und nicht innerhalb eines Wochenend-Weiterbildungs-Seminars zu erledigen, weshalb der Missstand unter den Kolleg*innen ohne deren eigene Motivation und die vielfältige Beschäftigung mit den Stimmen der Betroffenen nicht zu beheben ist.

Dies bedeutet leider nicht selten, dass die ungenügend weitergebildeten Fachpersonen in begutachtenden Positionen eine Art gatekeeping betreiben und die Betroffenen mittels intimster Fragen bedrängen, um herauszufinden, ob sie denn nun wirklich lange genug trans* genug und vor allem leidend genug sind, um auf Kosten der Krankenversicherungen eine die psychischen und körperlichen Beschwerden lindernde Behandlung genehmigt zu bekommen.

„Die Begutachtung ging drei Stunden, in drei Teile unterteilt: Mein Leben im privaten, mein Leben in Schule, Studium und Job und mein Leben bezogen auf trans*. Begonnen wurde mit einem Foto von mir und einer Bewertung meines Auftretens, meiner Kleidung und meines Make-Ups. Im Laufe des Gesprächs wurden unzählige Fragen gestellt, die keine Relevanz zur Begutachtung hatten. So war es wichtig zu wissen, wann und wie ich mir als Kind den Arm gebrochen habe. Besonders übergriffig wurde die Begutachtung, als der Gutachter das Thema Sexualität ansprach. Er wollte wissen, wie ich zum Thema Penetration stehe, ob ich daran Gefallen fände. Auch mein Verhältnis zum Orgasmus wurde erfragt. Ich stellte bei diesen Fragen klar, dass meine Empfindungen zu diesem Thema keine Relevanz für eine Begutachtung zum Thema trans* haben. Diese Einsprüche wurden einfach übergangen und die Frage ein wiederholtes Mal gestellt. Nach wiederholtem Einspruch und erneuter Fragewiederholung antwortete ich, da ich die Begutachtung nicht gefährden wollte. Alle meine Äußerungen

hierzu wurden bis ins letzte Detail ins Gutachten übernommen. Ich habe das gesamte Gespräch, nicht erst ab diesem Zeitpunkt, als sehr übergriffig empfunden. Es wurden viele Fragen ohne Relevanz zum Thema trans* gestellt und eine sehr wertende Gesprächsführung durch den Gutachter an den Tag gelegt. Das heißt, er hat zu vielem seine persönliche Meinung kundgetan und die Fragen wurden nicht immer wertneutral gestellt."
– Nora, @HerselfBeing

Es wird kritisiert, dass cis* Menschen nicht reflektieren oder gar beweisen müssen, dass sie der ihnen zugewiesenen Geschlechtsrolle entsprechen, während trans* Menschen pathologisiert werden und lange sowie teure Gerichtsprozesse inkl. der erzwungenen Begutachtungen durchstehen müssen, um in etwas so existenziellem wie ihrem Geschlecht anerkannt zu werden. Um sich dieser Diskriminierung weitestmöglich zu entziehen, sehen viele Betroffene sich gezwungen, nach entsprechendem Austausch mit anderen trans* Menschen ihre Berichte über ihre Biographie und ihre Leidensgeschichte vor den Gutachter*innen so anzupassen, wie diese es mutmaßlich hören möchten, um eine Transition zu unterstützen:

„Ich war für ein Gutachten bei einem Psycho in Köln. Es war ein einmaliger Termin, der eine Stunde ging. Ich sollte Kinderfotos mitbringen und meine Lebensgeschichte erzählen. Er hat jedes Detail benutzt, um mir zu zeigen, dass ich früher ja kein Junge war. Ich habe ja Barbies gehabt und ein Kleid auf dem Foto an etc. (Welches Kind mit 2 Jahren sagt „Nein, Mama, ich zieh das nicht an?!") Ich habe schon nach fünf Minuten gemerkt, dass ich mich mal wieder verstellen muss, wenn ich das Gutachten haben will. Dass ich lügen muss, damit mir geholfen wird. Ich habe behauptet, ich hätte das nie gewollt, ich hätte heimlich mit Kumpels gespielt und meine Mutter belogen, ich wäre bei Freundinnen. Ich habe behauptet, ich hätte mir mit acht Jahren die Haare heimlich selbst abgeschnitten, und meine Mutter so hingestellt, als hätte sie mich jahrelang in diese weibliche Rolle gezwungen. Ich habe sogar behauptet, ich hätte Mädchen-Serien nur gemocht, weil ich auf die Heldinnen stand – obwohl ich noch heute schlichtweg Fan von Serien wie Sailor Moon bin... In Wahrheit habe ich versucht, in die Rolle als Frau hineinzupassen für meinen damaligen Freund – aber hätte ich das gesagt, hätte ich das Gutachten niemals gekriegt. […] Ich habe gelogen und behauptet, wir hätten nie Sex gehabt – obwohl wir es hatten und ich Sex liebte und liebe. Ich habe auch behauptet, ich will unbedingt einen Penis-Aufbau – weil er das hören wollte. Ich will aber keinen, aus Angst vor der Operation... In meinem Gutachten stehen nun zwei Seiten darüber, dass meine Mutter keine Empathie besaß, meine „männliche Seite" jahrelang unterdrückt hat und mich vernachlässigt hat etc., was absolut nicht stimmt!!! Ich fühle mich schlecht deswegen und hoffe, sie will mein Gutachten niemals niemals lesen. Aber es ist leider so: Man muss ihm sagen, was er hören will, sonst legt der Mann Dir weitere Steine in den Weg... Es ist ätzend!!!" – @EinsamesBlabla

Diese aus Sicht einiger Betroffener notwendige Vorgehensweise führt sowohl jeden Therapieversuch als auch einen Teil der Forschung ad absurdum, die auf Analysen solcher Gutachten fußt. Insbesondere Psychotherapeut*innen kommt hier eine schädliche Doppelrolle zu: Als Therapeut*innen, denen die Patient*innen idealerweise alles erzählen können sollten, ohne dass ihnen dadurch Nachteile entstehen, und als Gatekeeper*innen, die es im Wesentlichen allein in der Hand haben, z.B. eine Indikation zur Hormontherapie auszustellen oder auch zurückzuhalten. Viele Kolleg*innen scheuen sich vor einer vermeintlichen Verantwortungsübernahme und ignorieren dabei die körperliche Selbstbestimmung und die Eigenverantwortung der Patient*innen. Eine Fremdbestimmung von Geschlecht ist nicht möglich, wir sind dazu auf die Aussagen der Betroffenen angewiesen, und bei den meisten davon liegt kein psychiatrischer Grund vor, sie zu entmündigen und ihre Selbsteinschätzung infragezustellen. Menschen, die nicht psychisch krank sind, müssen sich im aktuellen

Gesundheits- und Rechtssystem als psychisch krank „verkaufen" und als krank behandeln lassen: Die Begutachtungsrichtlinien des MDS verlangen bisher eine längere ambulante Psychotherapie, um die Diagnose als stabil und den Leidensdruck als nicht mehr anderweitig (sprich: psychotherapeutisch) linderbar zu klassifizieren. Erst dann wird eine Behandlung der Geschlechtsinkongruenz und deren Bezahlung durch die Krankenversicherungen genehmigt, und nach dem ursprünglichen Transsexuellengesetz war eine rechtliche Berichtigung des Geschlechtseintrags erst zu erreichen, wenn körperlich angleichende Maßnahmen inklusive Sterilisation durchgeführt worden sind. Dabei wurde erst kürzlich wieder eine Studie veröffentlicht, die bestätigt, dass trans* Menschen mit Zugang zu körpermodifizierenden Maßnahmen langfristig psychisch gesünder sind, während trans* Menschen unter Konversionstherapien anfälliger für Suizidalität werden:

„Transgender people who have gender-affirming surgery are less likely to need mental health treatment, according to scientists who say such interventions must be as easy as possible to access. Last month, a separate study found that transgender people who undergo the widely discredited practice of gender conversion therapy are more likely to attempt suicid." – *Artikel von Kashmira Gander, auf newsweek.com*

Trans* Menschen, die vorerst keine Operationen in Anspruch nehmen möchten, nutzen zunehmend eine gesetzliche Lücke im neuen Paragraphen 45b des Personenstandgesetzes, der im Jahr 2018 ursprünglich für intersexuelle Menschen eingeführt worden war: Sofern ein*e Ärzt*in einem betroffenen trans* Menschen eine „Variante der Geschlechtsentwicklung" attestiert, kann dieser mit dem Attest beim Standesamt eine Vornamens- und Personenstandsänderung beantragen und das teure Gerichtsverfahren über das Transsexuellengesetz umgehen. Viele Betroffene nutzen diesen Weg noch nicht, weil die sozialrechtlichen Folgen dieser Änderung inklusive der Möglichkeit späterer körpermodifizierender Maßnahmen noch nicht absehbar sind. Auch Fachpersonen schrecken mitunter davor zurück, ihren Patient*innen diese Atteste auf Wunsch auszustellen, obwohl sich Transidentität mit der Formulierung „Variante der Geschlechtsentwicklung" gar nicht widerspricht – einerseits durch Verbreitung von Informationen des Bundesministerium des Innern, welches die Nutzung der Gesetzeslücke durch transidente Menschen missbilligt und klarstellte, dass der entsprechende Paragraph evtl. noch einmal verschärft würde, und andererseits aus Angst vor persönlicher Haftung mit dem eigenen Namen und Vermögen für weitreichende Entwicklungsentscheidungen anderer Menschen, für welche es bisher jedoch nach Aussage der Berufsrechtler*innen und der Fachverbände keine Grundlage gibt.

„Mein Therapeut (seinerseits Facharzt für Psychiatrie und Psychotherapie) hat zu viel Angst, mir ein Attest für eine Namensänderung nach PStG auszustellen, nachdem durch die Politik da falsche Informationen gestreut wurden. Generell ist mein Therapeut, was Politik angeht, eher hinterher und ungeschickt. Er war auch der Meinung, dass die aktuelle Lage (TSG mit Gutachten und Gericht) gut wäre, weil man ja Menschen schützen müsse. Das hat er Mitte 2019 gesagt und das hat mich ehrlich gesagt etwas schockiert, weil zu der Zeit sich die Vereinigungen u.a. auch der Psychotherapeut*innen eigentlich schon auf dem Stand von allgemeiner rechtlicher Selbstbestimmung dahingehend bewegt haben." – *@angry_izzy*

Einige Psychotherapeut*innen sagen ihren Patient*innen von vornherein: „Ich mache gern Therapie mit Ihnen, aber ich schreibe Ihnen nichts, ich bin kein Dienstleister und möchte keinen Ärger mit Behörden." Aber zu wem sollen die trans* Patient*innen denn gehen, wenn sie um solche Schreiben denn nun einmal dank der Gesetzeslage nicht herumkommen, um ihre Leiden zu behandeln? Der einzig akzeptable Weg für Fachpersonen wäre, die diskriminierenden Hürden für trans* Menschen im System auf ein Minimum zu reduzieren, sich nicht als besserwissend für das Wohl der Patient*innen darzustellen und jegliche Unterstützung wie z.B. Indikationsschreiben sofort nach sicherer Diagnosestellung (d.h. in der Regel im ersten Termin) zuzusagen und einzuhalten – und nicht zuletzt: Die Patient*innen zu fragen, wobei sie wirklich psychotherapeutische Hilfe wünschen, und dann nur dort auch wirklich tätig zu werden, anstatt mittels Bevormundung und unerwünschten Analysen weit übers Ziel hinauszuschießen.

Ein weiterer Stolperstein besteht in der Problematik um alle erdenklichen Reproduktionsrechte. Im Prozess der Transition mangelt es oft an Aufklärung darüber, ob und wie die eigene Fortpflanzungsfähigkeit zerstört wird oder evtl. erhalten bleiben kann. Bis 2011 galt sogar die im Transsexuellengesetz verankerte Vorschrift zur Sterilisation vor einer Personenstandsänderung, womit ein massiver Eingriff in die körperliche Selbstbestimmung und andere grundlegende Menschenrechte erfolgte. Das Einfrieren der eigenen Keimzellen, um auch nach weitreichenden körpermodifizierenden Operationen wie einer Hysterektomie oder einer Orchidektomie eigene Nachkommen zeugen zu können, wird weder regelmäßig aufgeklärt, noch werden die Kosten dafür von den Krankenversicherungen getragen, sodass diese Reihenfolge nur finanziell privilegierten trans* Menschen vorbehalten bleibt und dazu führt, dass die anderen Betroffenen u. U. deutlich länger als notwendig psychisch leiden, um eine eigene Familie gründen zu können.

Selbst nach einer möglichen Familiengründung sind die Schwierigkeiten nicht vorbei – es herrscht zwar durch die aktuelle Gesetzeslage in Deutschland ein Offenbarungsverbot, dies gilt jedoch für Angehörige wie Kinder und die mit ihnen im Zusammenhang stehenden amtlichen Urkunden nicht, sodass es darin weiterhin zu Diskriminierung kommt: Ist ein Kind beispielsweise vor der Transition seines Elternteils geboren, so bleibt jenes mit dem alten Namen (deadnaming) und dem falschen Geschlecht (misgendering) in der Urkunde stehen, wie im Fall Nina Jaros (Twitter-Account: @Ninchen_ohne_Ka). Auch bei erst nach der Transition des Elternteils geborenen Kindern ist es trans* Eltern nicht erlaubt, die Geburt ihres Kindes mit ihrem wirklichen Namen und Geschlecht beurkunden zu lassen, wie der Fall von Maya zeigt:

„Ich bin traurig, wie wenig Raum bei der allgemeinen Kritik an der #TSGReform speziell für den Aspekt bleibt, dass wir trans* und inter* Eltern auch nach Korrektur unseres Namens und Personenstands weiterhin mit alten, falschen Daten in der Geburtsurkunde unserer Kinder stehen sollen. Aus Sicht des Gesetzgebers schütze diese Regelung die „berechtigten Interessen der Kinder". Man will mit aller Kraft an der Scheinrealität festhalten, nach der jedes Kind genau einen Vater und eine Mutter hat und jede Abweichung dessen das Recht des Kindes verletzen würde.
Im Klartext: Kinder sollen klare, binärgeschlechtliche Verhältnisse in ihrer Verwandtschaftslinie vorfinden und davor verschont werden, vom trans* oder inter* Sein der Eltern in eigenen Dokumenten „beschmutzt" zu werden. Wir wirklichen Eltern werden damit geschichtlich ausradiert! Wenn man sich wirklich mit den Auswirkungen beschäftigt, die das für Kinder hat, kann auch keinesfalls behaupten, dass diese Regelung im Interesse der Kinder ist. [...] Die Regelung belastet viele Prozesse im Alltag, gerade wenn deine Transition eben *vor* Geburt des Kindes schon begonnen hat oder während es noch klein ist. Bedenkt: Geburtsurkunden werden im Erwachsenenalter selten gebraucht. Aber im Kindesalter brauchen sie Eltern andauernd! So viele Ämter wollen die Geburtsurkunde des Kindes sehen, aber auch Kitas und Schulen. Nur muss ich dann jedes Mal erklären, warum die beim Löwenkind als „Vater" eingetragene Person unter diesem Namen und mit diesem Geschlecht eben gar nicht mehr existiert. Es ist ermüdend. Für mich bedeutet jede einzelne dieser Situationen ein Zwangs-Outing als trans*. Das läuft nicht nur dem Offenbarungsverbot völlig zuwider, sondern ist ja auch genau entgegengesetzt zum Interesse des Gesetzgebers, Kinder vor Diskriminierung zu schützen. [...] Während ich gegenüber deutschen Ämtern wenigstens mit meinem TSG-Gerichtsbeschluss

wedeln kann, wird die ganze Sache unmöglich bis gefährlich, wenn ich mit meinem Kind ins Ausland reisen möchte. Das darf ich nämlich als trans* Frau nicht. [...] Wenn du mit deinem Kind ins Ausland reist, dann musst du irgendwie mit dort anerkannten Dokumenten nachweisen können, dass es auch wirklich dein Kind ist. Wenn der Nachname deines Kindes von deinem eigenen abweicht (wie bei mir), weist du das über die Geburtsurkunde nach. Das Problem ist nur: Auf der Geburtsurkunde steht der alte Name und Geschlechtseintrag. Dieser steht aber in keinem einzigen meiner Ausweisdokumente, die alle auf den neuen Namen und Geschlechtseintrag lauten. Und Beamte im Ausland kennen halt deutsche TSG-Beschlüsse nicht. [...] Mit meinem Kind ins Ausland zu reisen, ohne dass Anna dabei ist, ist daher eine Gefahr. Grenzbeamte könnten uns erst mal einsacken, weil die Daten nicht übereinstimmen, und im schlimmsten Fall mich für eine Entführerin meines eigenen Kindes halten, uns trennen. Furchtbar." – @*MayaMitKind*

Elena Schmidt (Twitter-Account: @SehrLesbisch) formulierte zusammenfassend folgende „Forderungen an das aktuelle und jedes zukünftige politische System:
- Hormonersatztherapie ohne Pathologisierung, sprich ohne Beweispflicht von Geschlechtsdysphorie, sprich ohne Dysphorie. Hormonersatztherapie für alle, die sie wollen, nicht nur bei binären Identitäten.
- Körperangleichende Operationen ohne Pathologisierung, sprich ohne Beweispflicht von Geschlechtsdysphorie, sprich ohne Dysphorie. Körperangleichende Operationen für alle, die sie wollen, nicht nur bei binären Identitäten.
- Stimmtherapie ohne Pathologisierung, sprich ohne Beweispflicht von Geschlechtsdysphorie, sprich ohne Dysphorie. Stimmtherapie für alle, die sie wollen, nicht nur bei binären Identitäten.
- Antidiskriminierungsgesetze, die durchgesetzt werden. Tatsächliche Strafen bei (versuchtem) Wohnungs- oder Arbeitsverlust durch Diskriminierung.

- Vollständige offizielle Anerkennung von Identitäten. Auch rückwirkend. Auch auf Geburtsurkunden leiblicher Kinder.
- Streichung der Sterilisationspflicht in Gänze aus dem Gesetzestext.
- Einkommensunabhängiges Spermien- oder Eizelleneinfrieren vor Hormontherapie und/oder körperangleichenden Operationen.
- Medizinische Behandlungen nach dem Prinzip des informierten Konsens. Keine Vorenthaltung von gewollten Behandlungen aufgrund von diskriminierenden Faktoren wie Gewicht.
- Vornamensänderung, Personenstandsänderung, Hormonersatztherapie und körperangleichende Operationen vollständig separat und unabhängig voneinander.

Als letzter Stolperstein (die Aufzählung in diesem Kapitel ist keinesfalls als abschließend zu betrachten) sei ein weiteres menschliches Bedürfnis genannt: Jenes nach Privatsphäre in bestimmten sozialen Situationen. Die meisten Menschen machen sich wohl keine Gedanken darüber, welchen Raum zu betreten ihnen zusteht, wenn sie eine öffentliche Toilette oder eine Umkleidekabine im Fitness-Studio oder im Schwimmbad benutzen möchten. Hier führt das binäre Denken in der Gesellschaft ein weiteres Mal zu Problemen für trans* Menschen, weil insbesondere Schutzräume für Frauen oft Menschen mit als nicht-weiblich gelesenen Sexualorganen explizit ausschließen:

Bis zur dritten Klasse hatte Luisa nahezu keine Probleme mit Mitschüler*innen. „Wahrscheinlich, weil den Kindern jetzt erst bewusst wird, was genau an Luisa anders ist als bei anderen Mädchen", vermutet Ella [Anm.: Mutter von Luisa]. Sie ist ein wenig enttäuscht davon, wie wenig Eigeninitiative von Seiten der Schule kommt. „Einerseits gibt es einen großen Willen zu unterstützen, andererseits legen die sich auch selber Steine in den Weg." Bei der Frage, welche Toilette Luisa benutzen dürfe, habe sich das deutlich gezeigt. „Es liegt völlig im Ermessen der Schüler*innen und Lehrer*innen, wie sie ihre Toiletten kennzeichnen oder ob es Unisextoiletten gibt", erzählt Ella. Trotzdem habe Luisa nicht ein-

fach die Toilette benutzen können, die sie gerne benutzen wollte: die Mädchentoilette. „Da gibt es in Deutschland keine Vorschriften und gerade deshalb fällt es der Schule schwer, Entscheidungen zu treffen. Da fehlen die Vorschriften als Orientierung."
– *Aus dem Artikel von Katharina Alexander, auf ze.tt*

Ausgehend von den geschilderten Problemen wird deutlich, dass Gesellschaft und Politik viel tun können, um die Ausgrenzung und damit den Leidensdruck von trans* Menschen zu minimieren. Ein Beginn wäre, ihnen zuzuhören.

Was können Fachpersonen für trans* Menschen tun?

Im Namen der Betroffenen werden hiermit Ärzt*innen und Psychotherapeut*innen sowie Angehörige aller Pflege- und Erziehungsberufe dazu ermuntert, sich selbst und einander für die oben beschriebenen Problematiken zu sensibilisieren, eigene internalisierte Verhaltensmuster zu reflektieren und zu bekämpfen, bereits gesammelte Erfahrungen mit trans* Menschen beispielsweise auf ihren Webseiten zu kennzeichnen, sich mit Peer-Beratungsstellen zu vernetzen oder zumindest bei eigenem Inkompetenzgefühl oder Unwillen an erfahrene spezialisierte Kolleg*innen zu verweisen, auf die Selbstdiagnose der Betroffenen als trans* und ihre Eigenverantwortung zu vertrauen und diese anzunehmen, zügige diagnostische Prozesse anzubieten, Entmündigung und Gatekeeping abzulehnen, Bescheinigungen von Diagnosen und Indikationen für weitere Behandlungen und deren Durchführung nicht zu verzögern sowie aufgeschlossen zu bleiben und von Patient*innen und Kolleg*innen zu lernen.

Ein letztes Wort soll an dieser Stelle Ella, Luisas Mutter aus dem ze.tt-Artikel, haben:
„Warum interessiert das Geschlecht meine Bank? […] Wenn ich Königin von Deutschland wäre, würde ich mir wünschen, dass Geschlecht im Alltag überhaupt keine Rolle mehr spielt."

Dipl.-Psych. Eva Heimke

Jahrgang 1982

Diplom-Psychologin
Psychologische Psychotherapeutin in eigener
Praxisniederlassung mit kassenärztlichem
Versorgungsauftrag

Mein Lebensmotto:
„Keine Angst vor Gefühlen.
Alles kann, nichts muss."

www.psychotherapie-heimke.de

DIE STIFTUNG

Dieses Buch ist ein Projekt der
SK WelcomeHome die Transgenderstiftung
Spitzwaldstrasse 104, CH-4123 Allschwil

Bitte unterstützen Sie die Arbeit der Stiftung:

Bankverbindung:
Basellandschaftliche Kantonalbank
IBAN: CH31 0076 9433 0904 4200 1
BIC/SWIFT: BLKBCH22

Ich bedanke mich aus ganzem Herzen bei den Unterstützern, die dieses Buch möglich gemacht haben.

Mit ihrem Engagement helfen Sie uns die Ziele der SK WelcomeHome die Transgenderstiftung zu verwirklichen, zum Wohle aller.

Ihre Sabina Kocherhans, Stiftungspräsidentin

Andrea Dennes
Alles ausser gewöhnliche Ergebnisse
Energie Coaching, Next Level Training, Speakerin

Sei DU. Sei echt.
Du bist grösser, als du denkst.
Die Welt braucht DICH.
Genau so, wie DU bist.
Ja, genau DICH !

www.andreadennes.de

Danke

HiDeCo

Die Unternehmensberatung der DACH-Region (Deutschland, Österreich und Schweiz), Lateinamerika und Spanien in den Bereichen Finance, Restrukturierung und Entwicklung neuer Geschäftsfelder.

Fürstenrieder Str. 281, D-81377 München, Germany
Telefon +49 (0)89 96 97 70 88, www.hideco-online.com

MARTINI Werbeagentur GmbH

Marketingkommunikation & Interaktive Medien

Henleinstraße 5, D-72285 Pfalzgrafenweiler
Telefon +49 (0) 7445 85 45-22
Mobil +49 (0) 171 72 79 897
karin.martini@martini-werbeagentur.de
www.martini-werbeagentur.de

pinkcloud

Businesscoaching // Kreativberatung

Henleinstraße 5, D-72285 Pfalzgrafenweiler
Telefon +49 (0) 7445 85 45-22
Mobil +49 (0) 171 72 79 897
karin.martini@pinkcloud.de
www.pinkcloud.de

Sabine van Kann
Plotteria

Attilastraße 144, 12105 Berlin
Mobil: +49 (0)178 555 40 10
kontakt@plotteria.eu
www. plotteria.eu

Petra Dorothea Poth
Kunst am Zaun e.V.

Limburger Straße 2
D-65614 Beselich-Heckholzhausen
Mobil: +49 (0)151 12 68 70 06
www.kunst-am-zaun.de

Beste Bau Immobilien GmbH

Mittelstraße 4, D-31319 Sehnde
Telefon: +49 (0)5138 61 61 85
immobilien@bestebau.de
www.bestebau.de

Bettina Pöhler
Change Managerin, Coach, Wegbegleiterin

Moerser Landstraße 73, D-47802 Krefeld
Mobil: +49 (0)176 50 24 41 18
kontakt@bettina-poehler.de
www.bettina-poehler.de
www.fb.com/groups/mut.ich.voran

Energie-Balance-Therapie
by Britta van Binsbergen

Das Duracell-Prinzip:
Mit einem vollen inneren Akku in die Freiheit
Mobil: +49 (0)1525 363 82 94
kontakt@britta-van-binsbergen.com
www.energie-balance-therapie.de

LandSchafftRaum
Beatrice Schötz, Landschaftsarchitektin

Landshuter Straße 40, D-84109 Wörth an der Isar
Telefon: +49 (0) 8702 568 97 77
Mobil: +49 (0) 160 152 19 58
info@landschafftraum.com
www.landschafftraum.com

Michael Verlemann | Business-Mentoring
Dipl.-Systemanalytiker, Dipl.-Wirtschaftsinformatiker

Wesselbend 71, B-4731 Eynatten
Mobil +32 472 86 00 46
mve@michaelverlemann.com
https://michaelverlemann.com

Home of Salt Switzerland GmbH
Michaela Raeth

Wangenerstrasse 14, CH-8307 Effretikon
Mobil: +41 (0)76 448 95 75
michaela.raeth@homeofsalt.com
www.homeofsalt.com

Ingrid Ulbrich
Erleben Sie die heilende Wirkung von LICHT und FARBE
Stärkung von Immun- und Nervensystem
Harmonisierung von Psyche und Organen
Korrektur körperlicher Ungleichgewichten in der einzigartigen
Licht & Welle Lounge

Ulmenstraße 4a / Dorfstraße 35, D-15526 Bad Saarow
Mobil: +49 (0)162 211 31 59
pingou-vital@web.de, www.egc-pingou-vital.eu

Danke

Märki Marketing
Social Media 4 Your Business
Nationalität = Mensch – individuell für Alle!

Stefan & Cornelia Märki
Mobil: +41 (0)79 355 85 51
info@maerki-marketing.swiss
www.maerki-marketing.swiss

Mammut Design
Kreative Konzepte

Weißdornweg 18
D-76337 Waldbronn
Telefon +49 (0)7243 924 17 03
Mobil +49 (0)160 723 99 01
grafik@mammut-design.de
www.mammut-design.de

Manuela Thierrin
Deine Scanner Persönlichkeit Spezialistin
vom ODER ins UND

Online Seminare
Persönliches 1:1 Training, Workshop
Mobil: +41 (0)79 884 28 96
info@manuelathierrin.com, www.manuelathierrin.com

Tanja Ritz-Rother
Beratung für Mensch & Raum

Mobil: +49 (0)170 925 14 79
info@riro-feng-shui.de
www.fengshui4kids.consulting

---

motion 4 body and mind
Diana Polte

Dein Bewegungscoach für körperliche & mentale Fitness

Gonsenheimer Höhe 1, D-55122 Mainz
Mobil: +49 (0)176 43 04 12 73, info@motion4bodyandmind.de
www.motion4bodyandmind.de

Danke

Meinen allerherzlichsten Dank an

Kim-Oliver Traumüller
Nicole Kreienbühl
Gisela Traumüller
Elke, Michael und Ronja

Eva-Maria Popp
Susanne Wager
Michaela Adler
Michael Verlemann
Marc Bornschein
Maximilian Popp
Patrycja Szarko

Erika Demharter
Heidrun Goihl
Ines Manegold
Ann-Kathrin Bürger
Tamara Göbel

Silvana Rosee
Tamara Hinz
Andrea Lange
Thorsten Lampe
JC Gleisenberg
Julana Gleisenberg
Justin Gleisenberg
Franny Gleisenberg
July Schmidt
Lara Holy
Neve Sophie Scherbius
Nicole Rauber
Ricarda Schlia
Sarah Rafaela Saenz
Valerie Wächtler
Werner Graube
Yasmine Weber
Lisa

Tessa Ganserer

· Krell, Claudia/Oldemeier, Kerstin (2015): Coming-out – und dann...?! Ein DJI-Forschungsprojekt zur Lebenssituation von lesbischen, schwulen, bisexuellen und trans* Jugendlichen und jungen Erwachsenen. München: DJI

Petra Weitzel

· https://www.wpath.org/media/cms/Documents/SOC%20v7/SOC%20V7_German.pdf Standards of Care S.20.
· https://www.parlament.gv.at/PAKT/VHG/XXVI/A/A_00558/fname_726931.pdf.
· 1 BvR 1914/17 RN 31-36, 1 BvR 16/72 RN6, 1 BvR 747/17 RN12, 1 BvR 2019/16 RN 37-40.
· Bernd Meyenburg, Karin Renter-Schmidt, Gunter Schmidt: Begutachtung nach dem Transsexuellenge-setz. In: Zeitschrift für Sexualkunde, 28/2015 S. 107-120.
· Bernd Meyenburg, Expertendiskussion der Begutachtung zum Transsexuellengesetz. In Zeitschrift für Sexualkunde 29/2016, S. 57-61.
· https://www.awmf.org/uploads/tx_szleitlinien/138-001l_S3_Geschlechtsdysphorie-Diagnostik-Beratung-Behandlung_2019-02.pdf.
· https://www.awmf.org/uploads/tx_szleitlinien/028-014l_S1_St%C3%B6rungen_Geschlechtsidentit%C3%A4t_2013-08_01.pdf.
· https://www.egt.med.uni-muenchen.de/veranstaltungen/archiv/klinische-ethik-ss-16/leitfaden-korte.pdf.
· https://www.spiegel.de/plus/geschlechtsumwandlungen-macht-doch-endlich-sonst-bringe-ich-mich-um-a-00000000-0002-0001-0000-000161911783.
· Dienstag, 05. Februar 2019 um 09:54 Uhr.
· https://www.mds-ev.de/fileadmin/dokumente/Publikationen/GKV/Begutachtungsgrundlagen_GKV/07_RL_Transsex_2009.pdf.
· Jannik Franzen: „Spielend ein richtiger Junge werden: Zur Ge-

schlechternormierung im medizinisch-psychologischen Umgang mit sogenannten „Geschlechtsidentitätsstörungen im Kindes- und Jugendalter" S.112-117.
- https://www.aerzteblatt.de/archiv/171070/Geschlechterdichotomie-transkulturell-bedingt.
- http://www.trans-infos.de/aktuelles/psychiater-und-schwulenheiler-christian-spaemann-verunglimpft-medizinische-geschlechtsangleichung-im-deutschen-aerzteblatt.
- https://www.bkae.org/index.php?id=1581.
- Baseline Characteristics of Transgender Youth Seeking Care, J.Olson, Journal of Adolescent Health 2015, Volume 57, Issue 4, S. 374–380.
- https://www.telethonkids.org.au/our-research/brain-and-behaviour/mental-health-and-youth/youth-mental-health/trans-pathways/ Trans Pathways S.34-35, 45, 80.
- https://williamsinstitute.law.ucla.edu/wp-content/uploads/AFSP-Williams-Suicide-Report-Final.pdf S.2.
- https://transequality.org/sites/default/files/docs/usts/USTS-Full-Report-Dec17.pdf S.8.
- Abschiedsbrief von Leelah Alcorn https://web.archive.org/web/20150101052635/http://lazerprincess.tumblr.compost/106447705738/suicide-note.
- Transgender teen resorted to online treatments before tragic death https://www.cambridge-news.co.uk/news/cambridge-news/transgender-teen-resorted-online-treatments-16046382, .
- https://www.dji.de/fileadmin/user_upload/bibs2015/DJI_Broschuere_ComingOut.pdf S.12/16/25 .
- Mirjam Siedenbiedel: „Selbstbestimmung über das eigene Geschlecht: Rechtliche Aspekte des Behand-lungswunsches transsexueller Minderjähriger", NOMOS..
- G.Spizzirri; C.M.A.Pereira et.al: Grey and white matter volumes either in treatment-naïve or hormone-treated transgender women: a voxel-based morphometry study In: nature.com , 15. Januar 2018 .
- V. Harley, Prince Henry's Institute of Medical Research, Melbourne

abc.net.au Transsexual study re-veals genetic link abc.net.au, am 27. Oktober 2008.
- Genetic Link Between Gender Dysphoria and Sex Hormone Signaling, Madeleine Foreman, Lauren Hare, Kate York, Kara Balakrishnan, Francisco J Sánchez, Fintan Harte, Jaco Erasmus, Eric Vilain, Vincent R Harley. In: The Journal of Clinical Endocrinology & Meta.
- http://www.taz.de/!5097684/.
- https://www.theglobeandmail.com/news/toronto/camh-to-wind-down-controversial-gender-identity-clinic-services/article277 66580/
- https://williamsinstitute.law.ucla.edu/wp-content/uploads/Conversion-Therapy-LGBT-Youth-Jan-2018.pdf.

Dipl. Psych. Eva Heimke

- Alexander, Katharina (2018): „Trans* zu sein ist keine Modeerscheinung, sondern eine Identität!" https://ze.tt/trans-zu-sein-ist-keine-modeerscheinung-sondern-eine-identitaet/ [abgerufen am 20.10.2019]
- American Psychiatric Association (2013): „Diagnostic and Statistical Manual of Mental Disorders, Fifth Edition." APA.
- Arbeitsgemeinschaft der Wissenschaftlichen Medizinischen Fachgesellschaften e.V. (2018): „Geschlechtsinkongruenz, Geschlechtsdysphorie und Trans-Gesundheit: S3-Leitlinie zur Diagnostik, Beratung und Behandlung." https://www.awmf.org/uploads/tx_sz leitlinien/138-001l_S3_Geschlechtsdysphorie-Diagnostik-Beratung-Behandlung_2019-02.pdf [abgerufen am 20.10.2019]
- Ewert, Felicia (2018): „Trans. Frau. Sein. Aspekte geschlechtlicher Marginalisierung". Edition Assemblage / Interpress Budapest.
- Gander, Kashmira (2019): „Transgender people who have gender-affirming surgery less likely to need mental health treatment" https://www.newsweek.com/transgender-affirming-surgery-mental-health-1463135 [abgerufen am 20.10.2019]
- Gemeinsame Presseerklärung des Bundesverbands Trans* und des

HAKI Kiel (2019): „Wenn Behandlung zur Gefahr wird – BVT* und HAKI Kiel warnen vor Backlash bei Gesundheitsversorgung von trans* Personen." https://www.bundesverband-trans.de/wenn-behandlung-zur-gefahr-wird/ [abgerufen am 20.10.2019]
- International Classification of Diseases – 11th Revision (2018): „The global standard for diagnostic health information." World Health Organization. https://icd.who.int/en [abgerufen am 20.10.2019]
- Löffler, Juliane (2019): „Die Bundesregierung unternimmt weiterhin nichts gegen Operationen an intersexuellen Kindern" https://www.buzzfeed.com/de/julianeloeffler/gesetz-gegen-operationen-intersexuelle-kinder [abgerufen am 20.10.2019]
- Medizinischer Dienst des Spitzenverbandes Bund der Krankenkassen e.V. (2009): „Grundlagen der Begutachtung, Begutachtungsanleitung, geschlechtsangleichende Maßnahmen bei Transsexualität." MDS.
- Naß, Alexander (2016): „Geschlechtliche Vielfalt (er)leben – Trans* und Intergeschlechtlichkeit in Kindheit, Adoleszenz und jungem Erwachsenenalter." Psychosozial-Verlag.
- Pichlo, Hans-Günter: „Transsexualismus. Diagnose, Behandlung und Begutachtung." https://www.transsexuell.de/med-pichlo.shtml [abgerufen am 20.10.2019]
- Transsexuellengesetz (1980): „Gesetz über die Änderung der Vornamen und Feststellung der Geschlechtszugehörigkeit in besonderen Fällen." Bundesministerium der Justiz und für Verbraucherschutz. https://www.gesetze-im-internet.de/tsg/BJNR016540980.html [abgerufen am 20.10.2019]
- Zobel, Simon (2016): „Körpergeschlechtliche Vielfalt im Praxistest." (in Naß et al., 2016: Geschlechtliche Vielfalt (er)leben – Trans* und Intergeschlechtlichkeit in Kindheit, Adoleszenz und jungem Erwachsenenalter. Psychosozial-Verlag.)

Julia Monro

- Pressemitteilung BVT* vom 15.08.2018